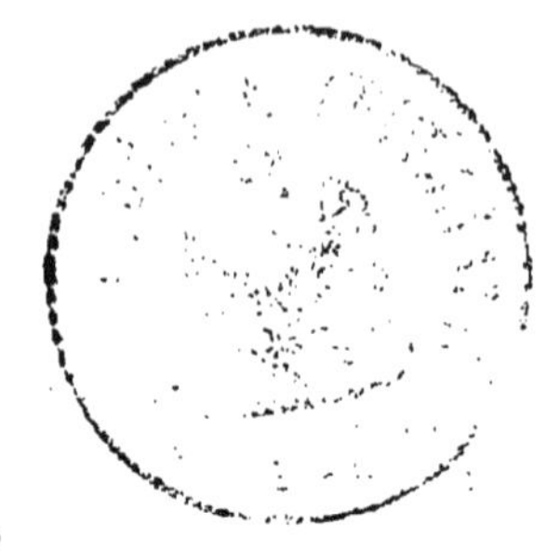

MÉMORIAL

DE LA SESSION DE 1816,

PAR UN DÉPUTÉ DES ARDENNES.

PREMIÈRE PARTIE.

Nota. Si nous étant rencontrés quelquefois avec l'auteur de l'histoire de cette même session, nous paraissons alors ne répéter qu'autrement les mêmes choses, nous n'avons pas cru cependant devoir les supprimer, pour cela seulement qu'elles auraient été déjà dites ou mieux dites : il en est qu'on ne doit pas se lasser de reproduire sous toutes les formes pour les rendre vérités communes, les seules qui deviennent salutaires. Au reste, l'histoire de la session de 1816 est toute autre chose qu'un mémorial : c'est un ouvrage étendu, consistant, dans lequel l'auteur non seulement a exposé la discussion et ses circonstances considérées dans les deux Chambres, mais a traité lui-même avec talent les matières qui en ont fourni le sujet ; montrant à la fois l'écrivain qui soutient avec courage, d'une argumentation pressante et d'un style spirituel, les seuls principes par lesquels on puisse conserver aux Français la monarchie et la liberté, et l'administrateur qui a le mieux jugé dans quel système il leur convient d'être administrés.

LETTRE D'ENVOI.

UN
DÉPUTÉ DES ARDENNES

*A M. ***, domicilié dans le même département.*

A la campagne près de Rethel, août 1817.

MONSIEUR,

MALGRÉ l'extrême insuffisance du mémorial que j'ai eu l'honneur de vous adresser sur la session de 1815, vous m'avez invité à vous faire également un rapport sur celle de 1816; j'essayerai de vous satisfaire mieux en m'étendant davantage, puisque vous ne me reprochez que d'avoir été trop succinct. Encore persisterai-je à penser, que la discussion de nos intérêts généraux n'offre plus une matière si nouvelle à nos esprits, pour que celui qui en parle ou en écrit se croie toujours obligé de développer largement ce qu'il expose, et puisse se persuader qu'il y ait preuve positive d'une intelligence supérieure à se montrer très-défiant de celle des autres. Quel besoin, en effet, d'être si abondant chez la nation où l'on sait le mieux saisir votre pensée pour exprimer la sienne, et vous interrompre obligeamment pour achever vos phrases; dans des assemblées où il arrive souvent d'être compris avant même d'avoir parlé, parce que, dans l'état de la question et la position de l'orateur, chacun juge assez bien d'avance ce qu'il va dire, ce qu'il va essayer de prouver.

Aussi la division d'une chambre en deux sections qui s'établiraient nécessairement et d'elles-mêmes, dont l'une formerait invariablement la majorité et l'autre l'opposition, semblerait réduire la délibération de la loi à une simple forme, sous laquelle on pourrait supposer la majorité n'accorder la discussion à la minorité que pour la satisfaction d'y paraître elle-même. Alors le véritable objet de cet apparat de délibération, serait plutôt de motiver la loi que de la discuter réellement; et la faculté laissée à la minorité de critiquer les motifs produits, sans pouvoir toutefois faire adopter le moindre amendement, ne produirait qu'un débat fictif, par lequel cependant il paraîtrait être donné à tous de connaître assez positivement les vices ou les avantages de la loi imposée. Ajoutez que, dans chaque session, nous puissions voir naître quelques propositions utiles, qui, impuissantes pour engendrer une loi, viendraient néanmoins à germer plus tard dans une ordonnance, ou dans un projet ministériel, et voilà peut-être le produit net de ce nouveau mode d'enregistrement de la loi, que nous appelons en France gouvernement représentatif. Or cet ordre de choses pourrait s'établir assez solidement, si l'on parvient à empêcher les produits des élections, de le troubler en nous promenant de système en système.

Autrefois, les motifs des édits de nos Rois étaient énoncés dans le préambule. Le gouvernement impérial a de même exposé les motifs de ses arrêtés dans ses *considérans;* mais pour l'exécution, il prenait des dispositions administratives, dans lesquelles il considérait la chose de nouveau, et souvent d'une manière très-différente. Tous les agens de l'administration, jusqu'au dernier, la considéraient à leur tour, tellement que le bienfait de la loi, de considération en considération, finissait par s'évanouir sous la glose de tant d'interprètes (1).

---

(1) C'est ainsi, par exemple, que nous avons une loi

A présent, les motifs de la loi sont énoncés dans la proposition royale, les développemens en sont répartis entre les orateurs du Gouvernement; c'est le préambule ou le considérant mis en scène. Mais après tant de modes différens sous lesquels on nous a apprêté la formation de la loi, vous conviendrez peut-être, Monsieur, qu'à nous autres administrés, il devient assez indifférent de quelle manière on y procède, bien assurés qu'il faut toujours que la loi nous arrive; que celle de finance sur-tout ne saurait jamais nous manquer, et que depuis très-long-tems, le besoin de recevoir des lois a été bien moins pressant pour les administrés, que pour les gouvernans celui d'en faire. Cependant les représentans des premiers pourraient désirer

---

qui dispose que les fabriques seront mises en possession de celles de leurs rentes sur particuliers dont il n'aurait été fait par le Gouvernement ni vente, ni transfert; et aussi une foule d'arrêtés, d'avis du conseil, d'instructions ministérielles, qui rendent vaine cette même loi, comme si la dernière pensée du gouvernement d'alors avait été d'administrer dans l'intérêt de détenteurs de mauvaise foi! Mais l'intérêt des fabriques est devenu celui des contribuables, qui sont obligés de leur remplacer des moyens, dans les communes rurales où les *lumières* n'ont point encore affranchi le peuple du besoin d'un culte.

d'être menés au même but plus directement encore, de n'être tenus qu'à des discussions serrées et à des sessions moins longues. Il conviendrait peut-être de nous résumer les doctrines au lieu de les professer de nouveau, de tenir compte pour quelque chose à chacun de ce qu'il doit un peu savoir pour l'avoir si souvent entendu discuter, sur-tout si l'on considère que la condition de l'âge a fait de la Chambre des députés une espèce de conseil des anciens. On peut aussi nous supposer un peu las des thêmes audacieux de la politique du tems, et de l'éloquence fastueuse qui semble s'épancher avec une sorte d'admiration d'elle-même, pour les développer abondamment. Heureusement, ce luxe oratoire qu'on affecte, autant pour paraître que pour produire, n'a pas encore beaucoup pénétré dans la Chambre; mais nous y avons entendu quelquefois le plaidoyer se substituer à la discussion, et souvent dans la discussion, les détails étouffer le sujet principal; plus d'un auditeur obligé de conclure avant l'orateur, puis se sauvant des lieux communs de la thèse soutenue, se trouver heureux de pouvoir se réfugier dans la distribution du jour (1), si la même abon

(1) Les imprimés nombreux que chaque député reçoit le matin de chaque séance.

dance ne l'y poursuit pas. Je prendrai donc à mon profit, Monsieur, cette leçon que j'ai vu faire quelquefois à la prolixité; j'éviterai de lasser votre attention, et je mettrai toute la mienne à ne vous présenter que la substance des choses et la plus simple expression des opinions diverses; de sorte qu'en ne m'arrêtant avec vous qu'aux plus importantes, je serai resté dans le cadre d'un simple mémorial, tel que vous me l'avez demandé et que je vous l'ai promis.

Mais pour maintenir une sorte de liaison dans notre correspondance, je crois devoir vous récapituler en peu de mots ce qui formait le sujet de ma dernière lettre sur la session de 1815. Ce court rappel nous servira de transition d'un mémorial à l'autre.

Je vous ai exposé, dans le premier, les motifs qui me paraissaient établir quelque responsabilité morale d'un député envers ses commettans, et autoriser en quelque sorte un compte rendu de sa mission remplie. Cherchant ensuite à déterminer son caractère politique, dans la nature et l'étendue de ses fonctions circonscrites par la compétence de la Chambre, ces vues nous ont mené à considérer les circonstances qui avaient précédé la première convocation. Nous avons pensé que ce pouvait être la place d'une courte digression sur l'usurpation et la légitimité, deux idées qui naissent ensemble dans la pensée quand elle s'arrête sur notre position politique, deux choses qui se définissent réciproquement comme le bien et le mal, la lumière et les ténèbres, tellement qu'on ne saurait concevoir l'une sans recevoir la notion complète de l'autre; et puisque c'était pour notre translation d'une position violente à un état plus paisible et durable que la convocation a été proclamée, j'ai pu exposer la disposition d'une chambre formée dans de telles circonstances, la montrer comme elle l'était, religieusement attachée au dogme politique de la légitimité, et en opposition formelle aux principes funestes, qui, après avoir servi à détruire presque tout ce qui était d'institution monarchique et religieuse, pourraient être invoqués de nouveau pour ajouter encore à tout ce qui aurait été d'institution révolutionnaire; j'ai pu la montrer, exempte de la folle prétention de ressaisir un passé qui est hors de toute puissance humaine, mais avec le scrupule de se croire comptable d'un avenir auquel elle semblait être appelée à donner une direction salutaire. Ses efforts n'auront point été vains, si, en proclamant avec honneur les saines doctrines et le grand principe des bonnes mœurs, elle a fortifié les unes, et inspiré quelque honte des mœurs révolutionnaires.

Ce n'était pas sans besoin et par fausse parade des bonnes doctrines, que cette assemblée a mis une sorte d'obstination à combattre les argumentateurs qui tendent ouvertement à justifier la révolution, et qui, dans le système ou dans le besoin d'en soutenir les intérêts, semblent ériger en principes admis toutes ses maximes violentes; opposant sans cesse aux vérités éternelles, qui établissent la dépendance de l'homme et les distinctions positives du juste et de l'injuste, une distinction contraire et nouvelle qu'ils appellent *l'esprit du siècle*. Mais, voulons-nous savoir, Monsieur, ce que c'est que l'esprit du siècle? Un ministre habile nous l'a défini, non dans la Chambre des Députés à Paris, mais dans celles des communes en Angleterre: « C'est, disait-il, l'esprit produit » par la révolution française, et tellement au- » dacieux, que, tant qu'il en restera une étin- » celle, tant qu'il restera la moindre espérance » de faire fortune par la confusion et la destruc- » tion de tout ordre et de tout gouvernement, il se » trouvera des hommes désespérés qui s'efforce- » ront à tout hasard, même au péril de leur

» propre vie, de se rendre maîtres non seulement
» du gouvernement, mais aussi de toutes les pro-
» priétés de ce grand pays. — L'esprit du siècle
» est tel, ajoutait-il encore, que tant qu'il y
» aura quelque chose à gagner par le trouble,
» il se trouvera des hommes qui chercheront
» à renverser l'ordre public (1). » On peut donc signaler cet esprit du siècle, véritable générateur de la révolution, mais qui a prodigieusement accru ses forces dans cette création monstrueuse, comme une opposition constante et effrénée contre l'autorité légitime, pour amener toujours un nouvel ordre de choses, dans lequel chacun prétend bien se placer avec plus d'avantage, selon son mérite évalué par soi-même, et tel que personne ne se trouvera jamais ni assez riche, ni assez grand. Lorsqu'un grand nombre d'hommes dans un État développent de pareilles prétentions, il y a tourmente pour le gouvernement ; mais quand cette maladie morale, inoculée avec le mépris de toutes les idées religieuses, descend à la multitude, le corps politique tout entier s'écroule. Or que dans la restauration de cette grande ruine, cet esprit qu'on nous représente comme une

(1) Lord Castelreagh, séance du 24 février.

puissance, loin d'être réprimé, soit souffert et entretenu ; et les législateurs, au lieu d'avoir relevé un édifice durable, n'auront fait que lancer un frêle esquif sur une mer orageuse.

Croyons donc que nous verrons s'élever encore de ces esprits orgueilleux, qui, vains de quelque science ou de quelque talent, s'attribuent le droit de *tout remuer sur la terre*, prennent leur audace spéculative pour du génie, et s'étant fait des échasses de leurs prétentions, se croyent devenus des géans dans l'ordre politique. Ils oseront peut-être s'ériger en professeurs de théories séditieuses, et s'efforcer de réunir autour des autels de l'anarchie les affamés de trouble et de changemens. Les tentatives pourront même s'étendre simultanément chez nos voisins; mais espérons que toutes seront vaines. On ne balancera plus entre les avantages incomplets, mais paisibles, de l'ordre établi, et les chimères sanglantes de la révolution. Le véritable intérêt des peuples a décidé la question : chacun a besoin d'une garantie pour conserver ce qu'il a droit de posséder, garantie qu'on ne saurait trouver dans un gouvernement éphémère et conditionnel. Il sera donc conservé *un appui au repos public*, pour le salut de ceux mêmes qui aspirent à le troubler, et c'est à eux que l'on peut bien dire, en employant une locution énergique de Bossuet; *voulez-le, ne le voulez pas*, la légitimité *vous est assurée* (1). Lors même que des circonstances extraordinaires et désastreuses fourniraient aux factieux, dans la détresse publique, des moyens faciles d'agiter le peuple, et qu'un système de ménagement affecté aurait augmenté leur audace, le gouvernement, en connaissant enfin ses véritables ennemis, aurait bientôt appris à se défendre, et la rébellion n'aurait servi qu'à confirmer la force de la *légitimité*.

Après vous avoir exposé, Monsieur, dans le premier mémorial, le principe dominant qui animait la Chambre de 1815, j'avais essayé de vous indiquer la forme sous laquelle j'aurais été tenté de vous offrir mon rapport de ses séances. Mais je vous ai donné aussi les motifs qui m'en ont détourné, et qui m'ont porté à me renfermer dans le cadre le plus simple. Je ne vous le rappelle ici que pour vous prévenir que je n'ai point adopté d'autre plan, et j'y entre.

Je n'aurai pas à vous faire un long chapitre

---

(1) Bossuet menaçant les incrédules de leur éternité, B. B., t. 1, p. 152.

sur les antécédens de la session de 1816, et je me contenterai de vous en rappeler un seul, comme ayant absorbé ou résout tous les autres, l'ordonnance du 5 septembre. Je ne chercherai pas non plus à cette ordonnance d'autres motifs que ceux qu'elle énonce, la volonté du Roi de rentrer dans la Charte, du moins quant au nombre dans la composition de la Chambre et au mode de son renouvellement, car la Charte ne se trouve pas toute entière dans ces seules dispositions. La Chambre de 1816 elle-même, en laissant échapper quelques censures contre les lois d'exception rendues dans la session précédente, et qui, à la vérité, nous sortaient prodigieusement de la Charte, n'a cependant pas jugé prudent de nous y faire rentrer sous les rapports de la liberté individuelle et de la liberté de la presse. De trop malheureux évènemens ont justifié à la fois les deux Chambres, malgré leur opposition apparente, et confirmé ce principe, que le régime constitutionnel de la liberté doit renfermer de sa nature la faculté de restreindre ou de suspendre l'exercice absolu de certaines libertés; mais que les orateurs se rassurent, il s'offrira toujours sur ce sujet des motifs suffisans pour établir une controverse, en discutant seulement la valeur des circonstances. Je me garderai bien de juger ici celles qui ont amené l'ordonnance du 5 septembre; mais il est permis sans doute d'en considérer le premier résultat dans la composition de la nouvelle Chambre, nommée par les mêmes colléges électoraux qui avaient trouvé la précédente.

Dans les élections de 1815, la nation avait été livrée à son nouvel élan vers la monarchie légitime, et même comme excitée à ce mouvement par le choix des présidens pour les colléges électoraux de département, et au nombre desquels on comptait même les princes les plus près du trône. Dans les élections de 1816, le Gouvernement a cru devoir modifier son premier système d'influence, et a pareillement manifesté ses vues dans la nomination des nouveaux présidens. Néanmoins ce virement n'a point été sans mesure, puisque malgré quelques agences qui ont paru au moins indiscrètes, plusieurs départemens ont pu persister à reproduire à peu-près les mêmes choix; les uns faits parmi les plus forts contribuables, considérés comme les représentans naturels de la propriété; les autres dans les hauts grades militaires ou dans les rangs élevés de la magistrature, d'où il est sorti plus d'un exemple d'un noble dévouement qui ne sollicite point de récompense, et de magistrats aussi jaloux de l'indépendance de la chambre élective que de celles de leurs fonctions judiciaires; plusieurs enfin, parmi ces hommes qui, enrichis de talens et de considération, semblent appelés comme de droit à défendre nos plus grands intérêts. Dans d'autres départemens, la liberté des suffrages a paru abandonnée sans contradiction à sa direction naturelle. Vous pensez sans doute comme moi, Monsieur, que nous pouvons compter le nôtre au nombre de ceux-là, et en conclure que le Gouvernement l'a reconnu, pour être arrivé tout près de ce repos politique si désirable, où l'esprit public n'a besoin d'être ni réprimé, ni excité. Mais ce n'était point encore l'état de la France, puisqu'on a pu noter des départemens, dans lesquels une influence extérieure s'est élevée à dicter des choix et à prononcer des exclusions; d'autres où les partis se trouvant à peu-près égaux, avec des opinions aussi inconciliables que la république et la royauté, l'anarchie et la légitimité, les agens de l'influence ministérielle ont cru devoir les balancer, au point que l'action principale des colléges en a été paralysée. De tous les systèmes d'influence ce dernier, s'il était continué, serait évidemment le plus vicieux, puisque poussé à l'excès, il pourrait paralyser la Chambre elle-même, et produire ainsi le résultat le plus opposé au véritable objet du gouvernement représentatif; inconvénient qu'on a même affecté de reconnaître, quand il a été réglé que la moindre réduction éprouvée par une députation, nécessiterait des élections nouvelles dans son département. En même tems le plus choquant de tous les systèmes qui pourraient être suivis, serait sans doute celui des exclusions nominales; car ne voulut-on conserver qu'un vain simulacre de la représentation nationale, encore conviendrait-il de consentir ce partage nullement dangereux; donner au gouvernement d'élire les opinions et aux colléges les personnes. Mais un moyen d'influence, tout-à-fait innocent, c'est celui tiré des discours de MM. les Présidens, exposant l'objet de leur mission. Les journaux en ont produit une galerie assez curieuse. Parmi ces discours, on en distingue de fort prudens, où l'orateur n'a rien dit, quoique sachant bien dire; d'autres très-sages, disant comme le Roi et rien de plus que le Roi. On en a remarqué un où il a été imaginé cette figure, *un Roi contredit*, pour placer solennellement à côté l'orateur réfuté. Enfin, il en est d'autres dont les auteurs, dans un rang secondaire, ont prononcé hautement sur ce que le Monarque s'était abstenu de juger, et qui ont donné à l'inquiétude du commerce, à la cessation des demandes et au ralentissement de nos fabrications, une époque bien différente de celle qui a produit dans notre département ces effets désastreux.

Enfin, la session des colléges électoraux terminée, on a pu faire le relevé suivant :

Députés de 1815 contre lesquels il n'y avait point eu d'influence à exercer, étant exclus par la disposition de l'ordonnance relativement à l'âge, environ	38
Exclus également par la réduction du nombre	137
Ensemble	175
Écartés par les nouvelles élections	87
Sur 86 présidens nommés aux colléges électoraux de département, écartés de la députation	40
Élus	46
Dont parmi les députés de 1815	32
En dehors	14

D'où on a conclu que le Gouvernement avait obtenu un résultat bien moins considérable de l'influence ministérielle, que des dispositions de l'ordonnance; que néanmoins ces deux actions réunies avaient été suffisantes à ses vues; mais qu'aussi les colléges électoraux de 1815 et 1816 s'étaient montrés doués d'une indépendance honorable pour la nation, en même tems que par leur force numérique, ils n'avaient pu être d'aucun danger pour la paix intérieure.

La nouvelle chambre s'est donc présentée avec les élémens nécessaires pour faire et contester, sans être dépourvue d'une sorte de tierce partie composée de membres, qui, se tenant en dehors des intérêts particuliers de la majorité et de la minorité, considèrent dans une indépendance absolue, les véritables intérêts nationaux, et savent le mieux écouter ceux qui remplissent les places, et ceux qui aspirent à les occuper. Ils peuvent n'avoir pas grande influence sur la délibération, être assez inutiles aux ministériels et à l'opposition; mais vous jugerez néanmoins, Monsieur, qu'il serait peu honorable pour la nation que les colléges électoraux cessassent d'en trouver ou d'en élire.

Si la liste des députés publiée dans les journaux, avait fait pressentir dans quel système était composée la nouvelle chambre, bientôt on en vit la certitude sortir des premiers scrutins pour la nomination de ses officiers; car il est de la nature d'une assemblée représentative, dans laquelle une différence d'opinion ne peut jamais manquer d'être toute apportée, que le parti dominant s'empare du gouvernement de la Chambre, et avec la même mesure exclusive qu'on s'y porterait, s'il s'agissait du gouvernement de l'État. Dès ce moment, les élémens de la majorité et de la minorité ont pu se compter, et les résultats de la session se présager. Il n'est pas douteux que la prérogative royale de dissoudre la chambre élective, n'ait été conçue et instituée dans le système du gouvernement représentatif, pour opérer de véritables péripéties politiques. Si en effet le gouvernement en 1816, opposant entre elles les différentes propriétés au lieu de les réunir toutes sous la même protection, a voulu modifier l'influence de la propriété foncière dans la discussion des intérêts nationaux, par cette considération qu'on peut toujours compter assez sur la classe qui la représente, comme étant nécessairement dévouée au gouvernement légitime; s'il a voulu en opposition y augmenter celle de la propriété commerciale et industrielle, qui est plus indépendante, par la facilité qu'elle a d'échapper à l'impôt, ou de se transporter et de se faire sa patrie là où elle espère prospérer d'avantage; si, en même tems, il a eu le dessein d'y ménager une plus grande part à ses agens immédiats, comme représentant plus naturellement l'administration que les administrés; et à l'aide de ces changemens, virer vers un autre système de finances, revenir à vendre ce qu'on avait considéré comme inaliénable, mobiliser tout jusqu'aux forêts nationales, jusqu'à l'attachement naturel des propriétaires pour leurs héritages, résoudre le sol français en une prodigieuse masse de fonds publics, et fonder sur ce système des ressources immenses pour l'administration, et un accroissement inévitable de nouvelles charges pour les contribuables, certes le gouvernement a su atteindre son but. Il est possible qu'il en sorte des moyens puissans et rapides pour imposer à nos ennemis s'il nous en restait encore, les menacer s'ils se préparaient, et nous répandre de nouveau au dehors s'ils nous comprimaient trop sur nous-mêmes. Mais rien ne nous présage de pareilles nécessités; longtems la sagesse du Roi nous tiendra lieu d'efforts. Puissions-nous aussi renoncer entièrement à l'habitude du gigantesque, que, sous le dernier régime, les hommes d'État d'alors prenaient pour de la grandeur! Rêver un nouvel éclat extérieur avant d'avoir rouvert toutes les sources de la vie au dedans, achever de les tarir pour se bouffir de la vaine apparence d'une richesse en chiffres, serait élever un édifice politique sans proportion sur une base épuisée, et s'élancer de nouveau vers un ordre de choses avanturées, dont il faudra tomber encore par une catastrophe. Toute apprence d'un système aussi désastreux devra donc rencontrer une sage et constante opposition.

Il n'est point d'intérêt local ou particulier, pas la plus petite industrie ou la moindre réclamation personnelle, qui ne trouve, avec plus ou moins de raison et de succès, un défenseur dans la chambre; mais l'intérêt général de la propriété foncière y est-il assez protégé? lui qui protège tous les autres dans un état agricole et monarchique, dont le sol est la première source de richesse et de puissance; et faute de cet appui, la propriété foncière serait-elle suffisamment garantie par une aristocratie naissante, qui aura longtems besoin d'une faveur présente pour établir sa fortune dans l'avenir, et sera forcée de sacrifier au système du jour, quel qu'il soit, avant d'être de force à défendre le vrai système national des français et de leur antique monarchie? On ne nous a jamais tant parlé de la liberté, que pendant les dominations éphémères sous lesquelles la propriété territoriale n'a jamais été moins assurée, et qui nous ont complété l'expérience de ce fait déjà reconnu : que si dans l'état de la nature la liberté absolue cesse là où la propriété s'établit ; dans l'état de civilisation, c'est au contraire la propriété qui peut seule nous garantir la liberté sociale. Cependant ils ne sont peut-être pas entièrement évanouis, ces systèmes qui attaquaient de front la propriété, lorsqu'ils nous menaçaient d'attribuer au Gouvernement le droit de l'imposer sans mesure et même d'en disposer, établissant en principe que des ventes faites ni par contract civil, ni par actes judiciaires, mais que nous reconnaissons tous tirer leur validité du nouveau pacte social donné par le Roi légitime, auraient été légales sans cela, et par cela seulement, qu'elles auraient été faites *administrativement* sous ce qu'on appelle un gouvernement *de fait* pour ne pas dire *de force*. Un tel principe ne tendait rien moins qu'à investir tous les gouvernemens, par telle cause qu'ils se succèdent, du droit de vendre les propriétés de leurs administrés, et à consommer ainsi la réunion monstrueuse de la souveraineté du territoire et de la propriété du sol. C'est en spéculation politique, un système tout comme un autre, mais plus effrayant qu'aucun, et qui se réduit à faire de l'État un propriétaire unique, et des propriétaires une classe de bénéficiers ou de simples métayers. Ce système entrait notoirement dans les rêveries de l'usurpateur; il vient d'apparaître de nouveau dans les derniers troubles de l'Angleterre, sous la formule naïve et grossière du symbole des factieux qui agitent ce pays : *la restitution au peuple en masse de toutes les propriétés* (1); or nous avons vu comment on s'empare des propriétés au nom du peuple, puis comment un gouvernement éphémère se substitue au peuple et les hommes au gouvernement.

Sans doute les gouvernemens réguliers que nous voyons après tant de bouleversemens, s'établir en Europe sous des formes représentatives, seront attentifs à se préserver de ces excès. Il est de notre nature que des hommes qui se sentent le talent et l'ambition qu'il donne de gouverner les autres, se groupent en coalition autour du trône, pour recevoir du Monarque une part dans la distribution du pouvoir. Il nous importe peu à nous autres administrés, qui sont ces hommes, mais bien quels sont leurs principes après le renversement de

---

(1) Discours de M. Caning à la Chambre des communes, séance du 29 janvier.

tous les principes; quelle voie ils tiennent ; si elle ne les conduit pas trop près du torrent révolutionnaire qui n'est point encore tari dans sa source, et qui les engloutirait avec nous malgré eux, au moindre orage qui viendrait à le grossir de nouveau ; comme nous le donnent également à craindre de bons et de mauvais esprits, les uns par leurs appréhensions, les autres par leurs espérances.

Ainsi, puisqu'il nous a été formé un Gouvernement, combiné des élémens fixes de la royauté et de l'aristocratie, avec un élément variable propre à représenter la démocratie, et rendu susceptible d'être modifié chaque année en masse, ou par parties successives, tous les hommes attachés par la propriété à un état paisible et durable, doivent surveiller par leurs représentans la marche de cette organisation compliquée; signaler les fausses directions ou les forces mal employées ; mais combattre surtout les doctrines absolues, les principes d'une discussion subtile et d'une conséquence effrayante, ayant suffisamment appris, que si les utopies se fondent sur des principes absolus, les gouvernemens positifs ne peuvent se maintenir que par les exceptions.

Une opposition dirigée dans ces vues est elle-même un élément nécessaire dans le gouvernement représentatif : elle force le ministère à déclarer ses principes et fonde ainsi la sécurité nationale. Si en même tems elle parvient à obtenir quelque modération dans les charges des contribuables ou du moins l'espérance d'un soulagement prochain, à discréditer des systèmes de taxes pernicieux au commerce et à l'industrie, ou à faire écarter une seule proposition mal digérée, elle aura rempli honorablement un rôle que le législateur dans sagesse lui a distribué lui-même par sa constitution.

Ce modérateur qui régularise le mouvement sans l'arrêter, est toujours utile; car si c'est un signe de vie dans le corps politique que le Gouvernement puisse tout ce qu'il veut fortement; l'excès de ce pouvoir cependant, aussi bien que l'impuissance totale, est un présage de dissolution. Ce n'est pas non plus l'action fréquente qui prouve la force ; le gouvernement impérial ne s'est jamais tant agité que pour périr : beaucoup administrer n'est pas gouverner, tellement qu'il peut y avoir une administration sans gouvernement, comme il arrive aux pays envahis. C'est dans ce dernier état que l'on croit être tombé, quand l'administration devient excessive et minutieuse, telle quelle était sous le dernier gouvernement, par la multitude d'actes que, dans la moindre condition, dans la plus petite commune, on était tenu à faire ou à notifier. Elle l'était sur-tout par ces innombrables arrêtés et circulaires, connus sous le nom d'actes de Préfecture et de Sous-Préfecture, en mouvement perpétuel par l'action de ce qu'on appelle les piétons et les commissaires, véritable calamité pour les administrés dans les derniers tems. Sous cet échafaudage administratif, inventé bien moins pour régler les choses que pour multiplier les formes et les agens, ce sont les hommes encore plus que la règle qui pèsent sur l'administré, résultat bien différent de ce régime d'une liberté si étendue à laquelle nous affectons d'avoir tant de prétentions; et cependant l'administration Napoléone a ses admirateurs, comme les principes de la révolution ont leurs sectaires. Cette dernière réflexion nous ramène à nos débats annuels. Heureusement, Monsieur, le gouvernement constitutionnel nous garantit des extrêmes sous un prince sage, qui a su s'y ménager un frein à tous les systèmes exagérés, par la faculté de renouveler la Chambre ou le ministère. Mais ambitionnons sur-tout cet état de repos qui est le bonheur politique, et où il se fera un jour le moins de changement possible dans les choses et même dans les personnes.

Nous venons, Monsieur, de parcourir ensemble les avenues de la session de 1816; je pense qu'il est tems de porter notre attention à ses séances.

MÉMORIAL

DE LA SESSION DE 1816.

La session a été ouverte, comme la précédente, 4 novembre.
par un discours émané du trône, caractère qui impose le respect et le silence, même après les premières émotions que les Français éprouvent toujours de la présence et de la parole de leur souverain légitime; car l'amour du prince est pour eux une sorte de sentiment constitutionnel de leur monarchie. Des hommes ployés au système rigoureux du régime qui ne souffrait aucune contradiction, auraient voulu, disait-on, trouver dans ce discours quelques paroles sévères; mais le Roi, toujours Roi, n'y a mis que
de la paternité. La Chambre, dans l'adresse vo- 14 novembre.
tée ensuite, a exprimé son obéissance au Gouvernement donné par Sa Majesté, un dévouement sans bornes à son autorité royale comme à l'ordre légitime de la succession, et tout le monde s'est entendu. De cette communication solennelle, il est résulté pour la nation la cer-

titude de la paix à l'extérieur, de la tranquillité au dedans, et de l'impuissance de l'esprit de faction, étouffé presqu'aussitôt qu'il venait d'éclater (1). Un mot d'espérance nous avait présagé aussi un bonheur vraiment national, mais qu'il nous a fallu voir s'éloigner encore. Enfin des négociations avec la Cour de Rome nous ont été annoncées comme près d'avoir une fin heureuse, et déjà l'église de France commence d'en recueillir les fruits.

La Chambre, entrée dans le cours de ses travaux, s'est occupée de son organisation et d'abord de la vérification des pouvoirs. Elle a prononcé sur quelques élections non présentées dans les procès-verbaux; mais, pour cet objet, et contre l'usage, il a dû être posé deux questions au lieu d'une : y a-t-il eu élection? L'élection est-elle valide? Au moyen de l'affirmative on a pu remplir quelques lacunes dans les députations. Les décisions de la Chambre et des instructions plus précises préviendront sans doute à l'avenir de trop grandes irrégularités. Un long et paisible usage du Gouvernement représentatif avec un peu de respect pour le passé, pourra en fixer les formes. Il sera sage

---

(1) Dans le département de l'Isère.

alors d'invoquer toujours cet usage, nonobstant toute prétention de perfectibilité, prétention qui n'est guère autre chose en politique que l'amour déguisé du changement. Jusqu'ici les principes sont assez incertains, pour qu'on ait entendu les défenseurs des élections contestées mettre en avant l'intérêt des départemens à ne pouvoir être privés de *leur représentation;* quoiqu'il eût été soutenu du même côté, dans la session précédente, que les départemens n'avaient point de représentation. Nous avons lieu de croire que cette contradiction est une pure inadvertance et non un perfectionnement du système. Mais nous passons rapidement les préliminaires de la session, pour arriver plus vite à ses travaux importans, à la tête desquels se trouve placée la loi des finances, dont le projet a été présenté, selon l'usage, par le ministre de cette partie.

Procès-Verbal des Séances, t. 1, p. 28.

14 novembre.

En attendant les rapports et la discussion sur ce vaste sujet, il a été fait d'autres communications de projets de loi que nous verrons se succéder aux débats. En même tems, à l'ouverture de chaque séance, il se présentait quelques affaires d'un intérêt particulier, mais qui se rattachait à un intérêt très-général, le droit de pétition.

Nous dirons un mot de la discussion la plus marquante sur ce sujet.

28 novembre. Elle avait pour objet la pétition d'une demoiselle Robert. Le rapporteur de la commission avait proposé l'ordre du jour. La lecture de la pétition ayant été demandée et obtenue, les débats se sont engagés entre les orateurs sur la nature et la valeur des renseignemens recueillis par la commission; les uns les trouvant nuls ou insuffisans et en réclamant de nouveaux; les autres appuyant l'ordre du jour.

Tant que le droit de pétition n'aura point été déterminé et fixé dans une délibération solennelle, il restera une grande question à résoudre : ce droit doit-il être absolu ou restreint? Il reste absolu, si le pétitionnaire demeure en possession de tous les moyens directs et à sa portée pour faire arriver avec utilité sa doléance au Roi par la Chambre. Il sera restreint s'il est apporté, par une disposition quelconque, un obstacle à l'émission de la plainte, ou à son admission dans le sein de la représentation nationale, ou aux moyens d'y faire droit. On avait essayé, au commencement de la session de 1815, de trancher la question par la simple addition d'un article de règlement proposée à la Chambre, qui l'a rejeté sagement. Elle n'a pas voulu que, par une forme, on emportât le fond, ni que la question fut jugée hors de la question. De plus il paraissait obligatoire de n'apporter au droit de pétition d'autres limites que celles posées par la Charte. On les trouve dans les deux dispositions que renferme l'article 53 : *Toute pétition ne peut être faite et présentée que par écrit. La loi interdit d'en apporter en personne à la barre.* Telles sont, selon la Charte, les bornes du droit de pétition, dans lequel réside le seul moyen qui reste au faible pour se délivrer de l'oppression ou s'en consoler. Cependant des considérations très-graves, fortifiées par l'expérience, pourraient nécessiter à limiter davantage ce droit; alors il conviendrait du moins de déterminer avec précision à quel intérêt une partie de ce droit devra être sacrifié.

Un article du règlement de la Chambre établit la formation des commissions par voie de scrutin dans les bureaux. Cette mesure paraît sage, parce que ce mode d'élection donne ordinairement, pour commissaire, le membre du bureau qui a développé avec le plus d'étendue et de lumières l'avis auquel la majorité s'est rangée, et qui, par conséquent, peut le faire valoir avec plus d'avantage dans la commission centrale. Mais on ne comprend pas pourquoi, dans l'intérêt général, on n'aurait pas réglé la formation de la commission des pétitions par la voie du sort, puisque ce n'est point par suite d'une discussion que se fait le choix du commissaire, et que les pétitions sont peut-être la matière traitée à la Chambre où il conviendrait le plus de neutraliser l'esprit de parti par un mode hors de son influence.

Mais si, en attendant des modifications peut-être nécessaires dans l'exercice du droit de pétition, le système ministériel privait la Chambre des moyens de donner suite à une pétition qui lui aurait été présentée, le droit de doléance, garanti par la Charte puisqu'elle en limite l'exercice, se trouverait aboli de fait par le Gouvernement qui en paralyserait ainsi l'action. Or c'est l'appréhension d'un pareil résultat qui paraît avoir excité des débats très-animés, au sujet de la pétition dont il a été fait rapport dans cette séance.

Je vous avouerai, Monsieur, que je me suis assez peu intéressé aux personnes dans cette affaire, qui ne nous a été débrouillée, ni dans le rapport, ni dans la discussion, et dont je n'ai point cherché à m'enquérir ailleurs; mais j'ai cru devoir fixer toute mon attention sur les principes qui allaient s'établir dans une question d'une grande importance pour chacun de nous, et vous jugerez sans doute que c'était dans le devoir d'un bon et loyal député.

Je ne vous rapporterai que les propositions des opinans, parce qu'elles suffisent pour montrer sous combien de points de vue différens, contradictoires et quelquefois très-singuliers, la question a éte envisagée. L'orateur monté le premier à la tribune, après avoir discuté successivement les différentes parties de la plainte, relevé l'importance du droit de pétition, et la dignité de la Chambre à le protéger, a conclu, à ce qu'il fût ordonné au président de demander au ministre de la police générale, des renseignemens officiels sur ses motifs d'arrestation du sieur Robert. C'était, à côté de la question principale, en établir une toute nouvelle, pour savoir si la Chambre peut donner des ordres à son président, qu'elle ne fait pas seule, qu'elle ne peut pas défaire, et qui, lui-même, a le droit de commander à toute la Chambre dans certaines circonstances, comme par exemple, lorsqu'il la renvoie dans ses bureaux pour y calmer son agitation, ce qui est arrivé dans la séance même.

M. de Labourdonnaye, de Maine-et-Loire.

Le second opinant a répondu que nous pouvions accuser les ministres, mais non les inter-

M. Courvoisier, du Doubs.

roger. Ici, l'analogie avec le gouvernement d'Angleterre a été répudiée; car dans la chambre des communes on interroge fréquemment les ministres, qui ne dédaignent jamais de répondre, parce que les ministres anglais affectent une très-haute considération pour une chambre où ils croient voir l'honneur et la dignité de la nation réellement représentés, parqu'ils gouvernent en dedans de cette assemblée et non à son insu, qu'ils n'ont par conséquent aucun intérêt d'en abaisser l'influence, encore moins de prendre des mesures qui tendent à affaiblir dans l'opinion son importance politique. Enfin, leur déférence n'est d'aucun danger pour le gouvernement, car il leur suffit d'affirmer devant la chambre que l'intérêt de l'état ne permet pas de donner dans le moment les détails demandés, pour que personne n'insiste. Mais en France, la position des ministres est toute différente, et les convenances aussi; un ministre anglais peut faire, sans difficulté, dans la chambre, une communication qu'il ne donnerait peut-être pas dans son cabinet; en France c'est le contraire. Au reste, l'opinant a considéré la nature des renseignemens, et a reconnu qu'il en est d'*endispensables* à la Chambre, et conséquemment d'une transmission obligée, comme en matière de subside ou de budget; mais sur la question particulière et présente, il a demandé l'ordre du jour.

Un autre membre a démêlé, dans la plainte, un fait isolé et totalement hors des lois temporaires, qui paraissaient couvrir le reste des mesures exercées contre les détenus, savoir : la vérification des papiers de l'un d'eux hors de sa présence; et l'opinant a conclu, à ce que la Chambre chargeât son président d'écrire au ministre, pour obtenir des communications suffisantes. M. de Corbière, d'Ille-et-Vilaine.

Mais le ministre de l'intérieur a établi en thèse générale, que si les ministres pouvaient se prêter à des communications officieuses avec une commission, ils ne devaient point lui en donner d'officielles; que, ni une Commission, ni la Chambre elle-même, n'avaient le droit d'en exiger, et qu'il n'était laissé à celle-ci, pour en obtenir, que la voie constitutionnelle d'une adresse au Roi. Cette doctrine combattait en passant celle de la transmission obligée *des renseignemens indispensables*.

La discussion en était là, lorsque les demandes de sa clôture et de sa continuation, formées avec une instance égale, ont commencé à répandre l'agitation dans la Chambre. Le refus de la parole à un membre très-marquant dans l'art de discuter, et dont les opinions ne renferment jamais rien hors de la question (1), a semblé augmenter ce mouvement. La clôture ayant été mise aux voix et prononcée, l'obscurité de la salle, à la fin du jour, a paru rendre incertaines les épreuves que le bureau déclarait non douteuses. Les uns, invoquaient le règlement; d'autres, prétendaient qu'aucun article du règlement n'attribuait, au bureau, la prérogative de voir clair dans l'obscurité. On pourrait dire que le grand lustre annoncé dans les journaux comme nouvellement établi dans la salle, pour la session prochaine, a éclairé et décidé cette question. Toutefois, les esprits ne se portaient plus sur l'intérêt de la pétition, mais sur celui de l'indépendance de la chambre élective, qui paraît compromise chaque fois que la minorité n'obtient pas, pour dire ses raisons, une protection dont la majorité n'a pas besoin.

Le président, usant de son autorité, a suspendu la séance pendant une heure, et la Chambre réunie, au bout de ce terme, a remis sa délibération au lendemain.

Nous avons insisté sur ces détails, comme

---

(1) M. Benoît, de Maine-et-Loire.

nous ayant paru être un pronostic du caractère qu'allait prendre cette session.

La discussion rouverte le lendemain, en présence de plusieurs ministres, parmi lesquels cependant on ne comptait pàs celui de la police générale, a développé davantage l'importance de la question. Nous passons quelques discours qui en sont sortis ou qui l'ont laissé vierge, et nous commençons par en noter un, où l'orateur a fait sentir que les doléances n'ont jamais plus besoin de protection, que quand elles s'en prennent à une autorité supérieure, contre laquelle il n'y a d'autres recours que le droit de pétition; et que c'est précisément de celles-là que la Chambre a plus particulièrement le devoir de s'occuper, pour juger si elles sont fondées. Il a également bien montré que des renseignemens, donnés par un ministre, ne sont point un compte rendu de ses actes; que l'on ne peut pas accuser sur le simple dire d'un plaignant, quand on ignore même s'il y a lieu d'examiner les faits dénoncés; et que la proposition de ne faire droit aux pétitions contre un abus de pouvoir ministériel, que par l'accusation du ministre, mènerait à la suppression effective du droit de pétition.

M. Benoît, de Maine-et-Loire.

M. Ravez, de Gironde.

Un autre orateur a écarté la question des principes, pour ramener la discussion sur les faits particuliers à la pétition, établissant que tout s'était passé dans les limites des lois temporaires et existantes.

Il lui a été répondu par l'observation déjà faite et commodément mise de côté, que la plainte dénonçait une mesure de rigueur, autorisée par aucune de ces lois invoquées; et l'opinant ajoutait, que la commission n'ayant point produit de renseignemens contraires à l'affirmation du plaignant, il déclarait n'en pas savoir plus qu'elle, et demandait un nouveau rapport. Il a insisté de nouveau sur le prix dont était, pour tous les Français, le droit de pétition que la commission proposait d'annuler par un simple ordre du jour sans motifs éclairés, et sur son importance, comme dernier refuge sous des lois de circonstances.

M. de Villèle, la Haute-Garonne.

C'est précisément par cause des lois de circonstances, a dit un nouveau défenseur de l'ordre jour, qu'il n'y a pas droit pour la Chambre d'exiger, d'un ministre, des renseignemens officiels sur une plainte en violation de la liberté individuelle; il n'y a pas droit, justement parce que nous avons cessé d'être sous l'empire de la Charte, et que ce droit est aliéné

M. de Serre, Haut-Rhin.

par la loi d'octobre 1815. C'était établir du moins que le droit existe dans l'ordre constitutionnel, doctrine très-opposée à celle qui, dans la même discussion, avait été énoncée par un ministre. L'opinant affirmait aussi que hors du régime de la Charte, il ne pouvait y avoir responsabilité des ministres, à moins cependant d'une vaste conspiration et d'arrestation dans un nombre démesuré; c'est-à-dire, en de telles circonstances, où la responsabilité ne serait plus qu'un vain épouvantail et un remède impuissant.

M. Beliard, de département de la Seine.

Quant au droit de pétition, un autre orateur a paru vouloir le réduire à peu de chose, en rappelant que le mot *pétition* ne se trouvait qu'une seule fois dans la Charte. Mais ne serait-ce pas positivement ce *peu* qui prouverait que le législateur a reconnu le droit comme incontestable, et par conséquent inutile à établir plus formellement. Si ce droit peut s'exercer par intercession, il s'évanouit devant le moindre obstacle qui s'interposerait. Il dérive naturellement du rapport entre ce qu'il y a de plus petit et de plus grand, entre la créature et son auteur. Mais n'a-t-on pas perfectionné les systèmes religieux, jusqu'à contester à l'homme le droit et l'utilité de la prière !

L'ordre du jour a été adopté.

Reprenant la marche des travaux de la Chambre dans ses mesures purement législatives, nous l'atteignons dans la discussion d'une loi
12 décembre. provisoire sur les finances, qui tendait à faire opérer sur les rôles de 1816 les recouvremens pour l'année 1817, dont le budget n'était point
16 décembre. encore voté. Le rapporteur n'y avait fait aucune objection, se bornant à émettre le vœu de voir la réunion des Chambres mieux en rapport avec l'année financière, disposition contrariée jus-
18 décembre. qu'alors par les circonstances. Mais la discussion a produit quelqu'opposition dans l'intérêt des contribuables patentés qui avaient été surchargés, disait-on, non-seulement par le doublement des patentes, mais encore par la révision du classement; de sorte que, par l'effet combiné de cette opération administrative et de la mesure législative appliquée, plusieurs patentes n'ont pas été seulement doublées, mais triplées,
M. Barthe de Labastide, de l'Aude. quadruplées, etc. L'opinant demandait donc que les quatre douzièmes des patentes fussent perçus sur les rôles de 1815, et non sur ceux de 1816, d'autant que l'opinion de la Chambre était déjà assez connue pour présumer que le doublement ne serait pas maintenu. Mais les besoins de l'État, a dit un conseiller d'État. Mais voter des

non-valeurs, a répondu un député. Il a été proposé en même tems de percevoir les quatre douzièmes des patentes demandés sur les rôles de 1816, mais distraction faite des 110 centimes d'augmentation. Le ministre des finances, pour combattre la proposition, a employé l'argument le plus ministériel possible : il nous faut de l'argent pour le service, a-t-il dit; en même tems il a reproché indirectement à la Chambre de 1815 le doublement des patentes que le Gouvernement n'avait pas demandé, comme on venait de rappeler au ministère les six droits désastreux proposés par le Gouvernement, et dont la même Chambre de 1815 avait sauvé le commerce et l'industrie française. Les récriminations de ce genre sont de bonne guerre dans la discussion, sans néanmoins l'avancer beaucoup. Le contribuable y voit du moins comment on s'y fait honneur de défendre ses intérêts. M. Cornet d'Incourt, de la Somme.

La loi transitoire a passé à 164 votes contre 30.

Les pétitions ne se renferment pas toujours dans un intérêt particulier et personnel à celui qui réclame; quelquefois elles présentent des observations utiles, des critiques décentes sur quelques actes du Gouvernement. Nous rappelons ici pour exemple louable celle d'un citoyen de Paris, dans laquelle il expose que des dis- 21 décembre.

positions de l'ordonnance du 27 novembre 1816, sagement appliquées à la promulgation des lois, peuvent avoir de grands inconvéniens, étant rendues communes à la promulgation des ordonnances royales, dont la préparation n'a pas la même publicité que la formation des lois; de sorte que le citoyen qui ne peut jamais être obligé par la loi d'une manière imprévue, peut l'être par une ordonnance à son insu. Il est probable que les rédacteurs des ordonnances ont un peu de cette vanité d'auteur qui fait mépriser la critique; et c'est alors qu'une réclamation adressée à la Chambre peut être reçue utilement en appel de l'infaillibilité des bureaux.

La pétition a été renvoyée à M. le Chancelier.

La nature des dernières guerres entreprises pour maintenir un homme dans une position forcée, les désastres inouis de nos armées sacrifiées à ce but unique, et tels qu'on ne saurait constater où ont péri non seulement les hommes, mais des corps entiers, cette quantité innombrable de soldats manquant à leur patrie, d'enfans manquant dans leur famille, nécessitaient une nouvelle mesure législative, pour constater judiciairement l'absence ou le décès, le premier cas dans l'intérêt de l'absent, le second dans celui des familles. Le besoin de cette loi, indiqué par une proposition dans la session précédente, avait été reconnu par le Gouvernement, dans le projet présenté au commencement de celle-ci. Le rapporteur de la commission en avait proposé l'adoption avec quelques modifications. La discussion pouvait faire jaillir une opinion contraire, elle n'a pas manqué de se manifester. Si un général a fait l'éloge du projet de loi, de son système et de ses dispositions, de son avantage pour l'absent, de son bienfait pour la famille; s'il a fait ressortir dans son opinion la sollicitude de Sa Majesté qui, « après avoir donné la paix à » la France et fermé le gouffre où des généra- » tions presqu'entières étaient tour à tour pré- » cipitées, veut effacer chaque jour davantage » la trace de ces désastres; » un homme de loi a relevé la prééminence du Code Civil, a soutenu la suffisance de sa législation dans l'intérêt de l'absent, et a découvert, dans le projet proposé, l'inconvenance de favoriser les héritiers présomptifs et le désir de succéder. Il a rejeté sur-tout l'article qui admet la preuve testimoniale pour constater le décès, comme une fausse application de l'article 46 du Code Civil. D'autres membres, versés aussi dans ces matières, ont rassuré la conscience de la Cham-

28 novembre.

15 décembre.

Le général Ernouf, de la Moselle.

M. Mousnier-Buisson, de la Haute-Vienne.

M. Favart de Langlade, du Puy-de-Dome.

bre ; et le projet de loi, avec quelques légers amendemens, a été adopté à 182 votes contre 4.

C'était aussi dans la Chambre de 1815 qu'un projet de loi, pour conférer aux établissemens ecclésiastiques la capacité de recevoir, d'acquérir et de posséder, avait pris naissance. Le Gouvernement en a élagué quelques dispositions et l'a reproduit dans la session de 1816 à la
28 novembre. Chambre des Pairs, d'où il est revenu à la
M. Rivière, du Lot-et-Garonne. 19 décembre. Chambre des Députés. Le rapporteur en a motivé l'adoption avec tout l'appui de la raison et de principes sains, et a proposé quelques amendemens additionnels plutôt que réformateurs.
24 décembre. La discussion s'est ouverte ; et s'il était nécessaire d'une opposition formelle pour la compléter, il n'y a rien manqué. Cette opposition s'est montrée dans le premier discours pro-
M. Voyer-d'Argenson, du Haut-Rhin. noncé. L'auteur a combattu le projet de loi dans sa totalité et l'a attaqué dans son principe. Il n'a pas discuté la nature des établissemens ecclésiastiques, mais il a déclaré ne pas le concevoir en dehors du régime administratif ou municipal. Il entend que tout établissement d'utilité publique soit à la charge de l'État, c'est-à-dire des contribuables, en opposition au système de la loi proposée, qui tend à les libérer d'une partie des frais du

culte, en encourageant les dons volontaires. Il accorde néanmoins à toute personne, ayant les qualités requises pour disposer, la liberté de faire des donations pieuses, mais seulement à l'État, ou à un département, ou à une commune, et refuse le droit de posséder aux établissemens religieux. Cependant l'orateur s'est opposé lui-même l'exemple des communions protestantes, qui ont conservé quelques propriétés dans une partie de la France. Il s'est opposé même, quoique vaguement indiqué, un exemple plus marquant encore et qui n'effraye personne dans les Etats-Unis de l'Amérique, où les diverses communions possèdent des biens fonds dans une indépendance absolue du Gouvernement. Mais ces exemples, il les rejette purement et simplement, semblant les avoir cités moins pour prouver sa thèse que pour montrer qu'il connaît tous les côtés de la question. L'orateur a terminé son discours par des considérations dans lesquelles il a reconnu « l'intention de la divine sagesse de » faire servir les progrès de la raison humaine » à l'affranchissement de l'espèce hnmaine. » C'était le thême de l'opinion prononcée.

Parmi celles qui ont suivi, quelques-unes ont traité avec une convenance politique et religieuse de l'effet moral de la loi, les autres ont porté sur les amendemens de la Commission, soit pour les rejeter, soit pour les appuyer ou en opposer de nouveaux. Le ministre de l'intérieur les a écartés tous, en rappelant, « que le projet n'avait pour but que la déclaration du principe de la faculté de recevoir » et d'acquérir, et de celle de l'inaliénabilité ; » sauf l'autorisation du Roi ; tout le reste rentrant dans le droit commun, dans la législation existante, ou dans les règlemens à » venir. » La question ainsi précisée, a paru dispenser des précautions que la commission avait jugées nécessaires, pour rendre l'exécution de la loi plus facile et plus sûre. Un membre dont le zèle n'est pas douteux, a retiré un amendement qui lui était particulier.

M. de Marcellus, de la Gironde.

Le projet de loi a été adopté à 189 votes contre 29.

Une discussion mémorable s'est ensuite ouverte sur la loi des élections, sujet qui avait dû singulièrement exciter l'intérêt et mériter les méditations de la Chambre, puisqu'une partie de ses membres y voyaient l'exercice d'un droit précieux sagement réparti, le sort de la France fixé et son gouvernement établi sous les formes les plus heureuses; tandis que les autres au contraire, n'y apercevaient que des germes de troubles annuels et d'agitations habituelles, le droit d'élection trop limité et retiré à une classe nombreuse habituée à y participer, en même tems qu'il devenait un privilége dans une seule.

Le projet de loi avait été proposé sous le titre *d'organisation des colléges électoraux*, comme pour insinuer que les principes du droit d'élection étaient reconnus, le fonds de la loi établi, et qu'il ne restait plus pour ainsi dire, qu'un simple règlement à faire, mais auquel le texte de la Charte imposait la forme d'une mesure législative. Cependant l'exposé des motifs a montré d'une manière large, quoique concise, toute l'étendue de la question. 28 novembre.

Les rapports des commissions développent quelquefois les exposés ministériels, quelquefois aussi leur glose approbative n'ajoute rien au texte. Ici le rapporteur s'est accroché dès le commencement à une discussion grammaticale sur le mot *concourir*, et voici les destinées de la France, les bases du gouvernement représentatif dans la dépendance de l'acception d'un mot non encore fixée sous un point de vue politique, et qui, jusqu'alors, avait été prise dans un sens si douteux, que le Gouvernement n'y 19 décembre.

avait point encore aperçu celui qu'il venait d'y découvrir.

Les débats ont présenté une foule de considérations toutes importantes sur le fonds de la loi et sur ses dispositions; plus de vingt-sept opinions ont été entendues, plus de quinze ont été distribuées. Il n'est peut-être pas inutile, il n'est certainement pas sans à propos de revenir sur cette discussion, lorsque nous sommes au moment de voir le Gouvernement hasarder solennellement son expérience comme préalable de l'avenir qu'il nous prépare. Les précautions dont il la fait précéder, ses appels réitérés contre des partis ennemis du trône ou de la dynastie légitime, signalent bien quelques dangers ou du moins de grandes appréhensions. Mais puisqu'on a voulu organiser par une loi cette agitation périodique, serait-elle donc un élément nécessaire au gouvernement qui nous a été donné, un complément qui manquait à notre système représentatif?

Quel qu'en soit le résultat, je crois, Monsieur, avoir défendu les véritables intérêts de notre département, en exprimant et motivant le vœu que le droit d'élection ne fût pas aussi considérablement restreint qu'on le proposait par la nouvelle loi, et que les deux degrés fussent conservés, pour maintenir l'exercice de ce droit à la portée d'un plus grand nombre de nos concitoyens. Nous étions huit à neuf cents chefs de famille qui concouraient directement ou indirectement aux élections, sous des formes commodes, sans tumulte ni agitations, sans grand déplacement ni longue suspension de nos travaux ou de nos fonctions; c'était *dans nos usages constans*, invoqués par le ministre pour une autre application. La nouvelle loi réduit le nombre de nos électeurs de trois huitièmes, et le droit d'élection se trouve si inégalement réparti dans le reste, qu'un de nos arrondissemens n'aura pas, je crois, douze électeurs; de sorte qu'à notre égard on paraît n'avoir considéré ni les hommes, ni les intérêts, pour sacrifier les uns et les autres à un système d'uniformité qui ne produit qu'une vaine symétrie, où il ne se trouve *rien d'égal* qu'en apparence, *rien de semblable* en réalité. M'étant renfermé dans un petit nombre d'idées pour exprimer mon opinion, je ne crains pas de vous ennuyer beaucoup en vous la reproduisant ici.

OPINION

D'UN

DÉPUTÉ DU DÉPARTEMENT DES ARDENNES,

Pour être distribuée avant la discussion.

26 décembre 1816.

Messieurs,

Le projet de loi sur les élections présenté à la Chambre dans la session de 1815, les débats qu'il y a excités, les amendemens qui l'avaient modifié considérablement sans satisfaire personne, le rejet qui s'en est suivi, le parti qui a été pris de s'en passer, tous ces faits semblaient indiquer qu'il y avait bien quelque difficulté à faire cette loi. Mais le nouveau projet, si prodigieusement différent du premier, quoique présenté sous le même ministère, les défauts qu'il offre en système et en application, l'incertitude qu'il laisse sur les résultats que chacun de nous est défié de prévoir, prouvent surabondamment combien on rencontre d'obstacles à faire une bonne loi sur les élections, et de combien les difficultés s'augmentent quand on s'est créé volontairement un obstacle de plus; c'est ce que les auteurs du projet de loi ont fait en s'emprisonnant dans le sens étroit de la Charte, contre l'esprit même de la Charte; c'est ainsi que le rapporteur se place pour défendre ce même projet.

Dans la dernière session, nous étions saisis par les ordonnances du Roi pour argumenter sur la loi des élections : dans celle-ci, nous sommes à son ordre saisis par la Charte pour reprendre la discussion; nous ne sortirons ni de la Charte, ni de la volonté du Roi (1).

On nous a dit qu'il fallait rester dans la loi proposée pour rester dans la Charte, quoiqu'un autre mode d'élections eût paru beaucoup préférable à la Commission même. Nous croyons qu'on peut rejeter le principe de cette loi et rester dans celui de la Charte, et voici comme avons essayé de nous le démontrer à nous-mêmes.

Ce serait assurément bien méconnaître la profondeur de cette Charte et faire descendre son auteur de toute l'élévation de ses hautes pensées, que de le renfermer lui et nous dans le sens étroit de son texte. Ce qu'il y a de plus remarquable et de plus imposant dans cet acte, qui doit fixer les destinées d'un grand peuple, c'est cette pensée législatrice qui ne précise que les bases, n'énonce que ce qu'il est indispensable de poser, omet avec sagesse ce que le besoin

(1) On ne peut taire cependant que la réduction du nombre des Députés a été très-sensible à nos départemens.

rendra convenable de développer, et imprime à son texte non un sens étroit comme on l'y cherche, mais un sens immense et fécond comme on l'y trouve; qui embrasse au delà du présent, autre chose que les circonstances, et duquel on pourra faire sortir dans tous les tems ce qui sera reconnu dans l'intérêt de la nation, sans opposition formelle au texte de la Charte, sans cesser d'être en harmonie avec l'esprit de cette Charte, devenue le premier de nos droits. Ainsi comme les jurisconsultes disent que le droit étroit est injuste, on peut dire également que le sens étroit de la Charte serait quelquefois absurde. On verra que si M. le rapporteur ne l'a pas exprimé, il l'a cependant reconnu, et qu'il a très-bien su agrandir le sens de la Charte à sa volonté dans les convenances de son système.

Jusqu'ici il a été fait sur la matière des élections, et en des sens très-différens, quelques essais qui n'ont pas trop manqué leur but. En 1793, on voulait compléter le bouleversement de l'ordre social, et l'on confia le droit d'élire les Députés aux assemblées primaires exclusivement. En 1799, on entreprit de réduire la France au silence en rendant muet son organe, et l'on disposa une loi d'élections qui, après quelques modifications successives, remplit également bien son objet. Avec les mêmes élémens, quoique vicieux dans leur origine, le Roi a voulu obtenir une représentation sage et libre; Sa Majesté n'a fait que rendre aux départemens la nomination médiate et immédiate de leurs Députés, par l'organe de leurs colléges électoraux d'arrondissement et de département, et elle a obtenu, comme son grand cœur l'avait désiré, une représentation composée de sujets soumis, fidèles, et d'hommes libres, qui ont dit la vérité et la diront encore; *heureux résultats* que M. le Rapporteur avoue et dont cependant il s'étonne. Ce qui nous surprend bien davantage, c'est qu'en proscrivant, avec raison, les premiers modes d'élections dont il a été fait des épreuves si funestes, on rejette celui dont on s'est passablement trouvé, pour nous proposer sans la moindre hésitation de nous remettre en expérience politique, par un mode tout nouveau dont il n'est donné à personne d'assigner le résultat, et qui est effrayant pour tous par l'aspect sous lequel il semble organiser d'avance l'intrigue tumultueuse, l'agitation électrique entre de grandes sections en séances simultanées, la concentration des influences locales sur un seul point et l'insubordination si propre au grand nombre. A toutes ces causes de désordre

M. le Rapporteur ne nous présente qu'un seul remède, *la force du Gouvernement.* Ainsi voilà déjà la force opposée à la force, et c'est sous un tel présage qu'on vous propose ce projet de loi sur les élections. Ses partisans ne nieront pas que le nombre ne soit une puissance. On l'a redoutée dans la Chambre des Députés, nous la redoutons dans les colléges électoraux; car ce n'est pas le cens, mais le nombre qui démocratise une réunion d'hommes appelés au droit de voter; et il n'y aurait pas de folie à prédire qu'une assemblée très-nombreuse de riches ou de sages ne serait pas sage.

Mais quel est donc le motif impérieux qui porte à établir un seul collége électoral par département? La soumission à cet article 4 de la Charte : *Les électeurs qui concourent à la nomination des Députés, ne peuvent avoir droit de suffrage, s'ils ne payent une contribution directe de 300 francs, et s'ils ont moins de trente ans.* D'où l'on conclut que la condition de 300 francs est imposée à tous les électeurs qui *concourront à l'élection* d'un Député, *médiatement ou immédiatement*, dans tel ordre ou degré que ce soit. Eh bien! c'est ce que le législateur n'a pas dit et n'a pas voulu dire, parce qu'il avait de sages raisons pour cela. Son texte peut le signifier ou ne le signifier pas, selon *les lois* organiques des colléges électoraux qu'il a laissé à faire au pouvoir législatif institué par lui; et ce n'est point indifféremment et sans prévoyance qu'il a employé ces mots *les lois*, au lieu de ceux-ci *la loi*, comme les ministres citent toujours: Ici le texte de la Charte repousse évidemment toute idée d'une loi fondue d'un seul jet, roide et inflexible dans son application; mais il suppose au contraire un corps de lois appropriées à la matière des élections, et modifiées selon les différentes considérations de la population, du territoire et de la richesse.

Le législateur n'a donc pas préjugé toutes choses comme on lui en prête l'intention. Il n'ignorait pas les différens modes d'élections qui avaient été pratiqués, celui qui s'appliquait encore, et il n'a point voulu déterminer ce qu'il en fallait admettre ou rejeter; ainsi, il a pu supposer par exemple, que les colléges à élection directe pourraient être divisés et distribués par arrondissement, et dans ce cas le texte de son article 40 s'applique dans sa signification directe; ou bien que, conservant aux colléges électoraux d'arrondissement la présentation à l'élection, on concentrerait dans le collége électoral de département la nomination directe, et alors son texte ne s'applique qu'à ceux qui concourent à cette nomination. Or ceux-là sont bien ceux qui déposent un bulletin dans l'urne de nomination, tandis que ceux qui ont voté dans un collége d'un degré inférieur pour préparer l'*élection*, sont expressément exclus de celui qui fait la *nomination*. Par deux degrés, l'élection est une œuvre complexe ; la nomination est une opération simple et finale, qui peut s'exécuter même sans l'action du degré inférieur. Enfin, puisque le texte positif de la Charte dit : « Les électeurs *qui concourent à la nomi-* « *nation*, etc. » Le législateur a donc conçu des électeurs *qui n'y concouraient pas ;* ce sont en effet ceux qui préparent l'élection dans les colléges du degré inférieur. Ainsi il a fixé ce qu'il y avait de plus facile à déterminer, et a laissé dans le vague ce qui offrait plus de jeu aux systèmes, abandonnant à la lumière des débats et à la sagesse du Corps-Législatif de régler ces intérêts compliqués.

La raison et l'expérience indiquent assez l'avantage, la nécessité même de graduer dans des colléges d'ordres différens les conditions comme les fonctions ; mais on applique la rigueur de l'article 40 aux deux degrés, pour en tirer le motif de n'en établir qu'un seul. Cependant une idée qu'on peut hardiment supposer n'être jamais entrée dans la pensée du législateur qui a écrit la Charte avec tant de réserve, c'est celle d'engendrer et de réunir sur un seul point de chaque département, des colléges de six cents à douze mille électeurs, selon le rapport de la Commission, et de dix-huit mille suivant le texte ministériel.

Eh bien, Messieurs, ce que la Charte n'a point osé, on vous le présente avec confiance, on vous en propose l'adoption avec une sorte de témérité; vous disant qu'il n'y a d'appréhensible que les *hésitations dans le début.* Mais après tous ses argumens épuisés, M. le Rapporteur reste en présence de la grande difficulté du système qu'il défend. Il propose alors un moyen bien simple de l'affaiblir, c'est d'élargir le sens étroit de la Charte, de se dégager de la gêne que ses *termes sacramentels* imposent. Ces termes prescrivent pour condition du droit de suffrage à la nomination des Députés de payer une contribution directe de 300 fr. M. le Rapporteur propose d'élever ce *quantum* de contributions, en ne nous comptant pas les accessoires. Avec cette légère modification on élève le cens qui confère le droit de suffrage, et on diminue le nombre des électeurs au point de le rendre un peu moins embarrassant. Dans ce principe, on pourrait pousser la réduction jusqu'à ne compter au contribuable que le principal de sa contribution, car les centimes additionnels sont bien des accessoires imposés par la révolution; et on rapprocherait ainsi le nombre des nouveaux électeurs de celui qui compose les colléges de département.

Nous ne blâmerions pas d'une manière absolue cette disposition; mais si on se permet une interprétation de la Charte pour rendre la loi d'élection moins absurde, nous demanderons qu'on nous en permette une autre pour rendre cette loi tout à fait salutaire, c'est celle que nous avons indiquée pour l'établissement de deux degrés d'élection.

Je crois ce mode dans le vœu de mon département et dans l'intérêt le plus général de la France, parce qu'il y est naturalisé, et que celui que l'on propose présente une innovation véritablement effrayante; parce que le premier concilie un plus grand nombre d'intérêts divers et particuliers, qui viendraient comme se résoudre dans une députation commune à tous et à la portée de chacun. Ce ne sont pas les individus qu'il faut caresser, mais les intérêts qu'il convient de protéger pour attacher la nation au système représentatif. Ce qu'on appelle le dernier gouvernement, mais qui n'était qu'une régie intéressée, faisait tout le contraire ; il élevait les individus et ruinait tous les intérêts : ainsi furent sacrifiés ceux de l'agriculture, du commerce, de l'industrie, de nos communes et de toutes les localités, à la fortune temporaire de quelques hommes. Cependant si la nation est dans les familles, la patrie est dans les intérêts dont la conciliation est l'intérêt commun. Or, cette conciliation est la première attribution de la Chambre. Pourquoi donc romperait-on la relation intime que les élections graduées établissent entre le Député et toutes les classes des intérêts qu'il doit connaître pour les protéger? Pourquoi supprimer la présentation des candidats qui laisse plus d'un prix à donner et plus d'un degré d'ambition à satisfaire? Qui de nous, avant de recevoir dans le collége supérieur l'honneur de la députation, n'a pas recueilli avec une satisfaction douce et discrète, dans le collége qui l'a présenté, les suffrages auxquels la diversité des fortunes et des conditions semblait donner plus de prix en manifestant une estime plus générale? Ce sont tous ces liens qu'on veut rompre pour nous donner des assemblées où l'on arrivera sans se connaître, d'où l'on sortira sans s'être connus, après avoir donné un suffrage imposé ou soufflé, d'où il nous viendra une Chambre de factieux ou une Chambre de *désignés*, mais nullement une Chambre de *Députés*.

Lorsqu'on imagina de découper nos provinces en départemens, les fanatiques de l'égalité auraient bien voulu pouvoir abaisser les montagnes, combler les vallées, dériver les rivières et les fleuves, puis distribuer également sur ce territoire nivelé les hommes et les propriétés. Il semblerait que toutes ces belles choses ont été faites, quand on vient nous présenter pour loi sur les élections une règle inflexible, qui n'admet ni considération, ni exception relativement aux localités, à la population et aux facultés contributives. On sait qu'il est des départemens où les 300 fr. exigés pour le droit de suffrage y expriment un plus haut degré de richesses, que dans un autre les 1,000 fr. qui confèrent l'éligibilité. La force totale du département de la Seine en population et en facultés contributives, est cinq fois celle du département des Ardennes; et selon le projet de loi, il aura trente-six fois plus d'électeurs. On pourrait relever dans ce projet une foule d'inconséquences et de bigarrures aussi choquantes.

Sans doute ce qui a séduit les auteurs du projet proposé, c'est sa simplicité imposante d'où l'on croit voir naître l'ordre, et le beau qu'il produit. Mais à l'examen, cette simplicité ne résulte pas d'une force d'invention, elle témoigne plutôt l'indigence dans les moyens appliqués. Tous les systèmes ingénieux posent à la vérité sur une idée simple, mais je crains bien quc l'idée simple d'un seul degré d'élection, au lieu d'avoir le sort de celle que le génie féconde, ne produise comme celle dont la folie s'empare, que trouble et confusion. Nos politiques avec leur seul degré d'élection dans l'esprit, me représentent les fous qui n'ont qu'une idée dans la tête ; puissent les uns ni les autres ne nous pas introduire en France les assemblées de Westminster, ni les diétines de Pologne (1).

---

(1) Cependant en Angleterre, dans ce pays des élections tumultueuses, où le parlement est composé de cinq cent cinquante-huit membres, formant près du double de notre représensation, la majorité est élue par moins de quinze mille électeurs. (*Tableau de l'Angleterre*, tom. II, pag. 156, 482.)

Je ne présenterai point ici mon vœu sur l'organisation des colléges électoraux dans l'hypothèse de deux degrés d'élection ; je me contente de repousser le principe d'un seul degré. J'attendrai, pour établir le reste de mon opinion, la discussion lumineuse que nos collègues nous préparent. Je la désire abondante, parce qu'il ne suffira pas, pour éclairer complètement la question, qu'il ait été prononcé des opinions fortement opposées entre elles, si des répliques indirectes n'y interviennent. A mesure que je m'affermis dans l'opinion que j'ai embrassée, j'en désire davantage de voir faire un nouvel effort en faveur de celle que je n'adopte pas. Plus je crois avoir raison, plus je veux être sûr de mon fait.

Gardons-nous, en fermant trop tôt la discussion, de présenter l'apparence d'un parti pris, au lieu de celle d'un esprit convaincu. Considérons qu'une question la plus importante qui pût être soumise à nos délibérations dans la session actuelle, a droit aux débats les moins restreints et les plus solennels, et qu'il ne s'agit pas seulement d'entendre discuter si le projet est régulier ou défectueux, mais de voir démontrer si la loi est salutaire ou pernicieuse, si elle peut servir de base pour asseoir la monarchie légitime, ou de lévier pour la renverser.

Après ce premier jet d'opinion, Monsieur, j'avais noté, pendant le cours de la discussion, ce qui m'avait paru de plus frappant, en raison et en sophisme, dans les discours qui ont ont été successivement prononcés ou distribués. Je m'en suis servi pour rédiger une très-courte analyse, que j'ajoute ici en la complétant. Si malgré sa brièveté elle vous paraît surabondante, je vous invite à la passer et à courir au scrutin, en ajournant aux sessions suivantes votre jugement sur la loi adoptée.

SUITE

DE L'OPINION

D'UN

DÉPUTÉ DU DÉPARTEMENT DES ARDENNES.

DEUXIÈME PARTIE;

Sur la Discussion.

Messieurs,

C'était dans une espérance bien fondée qu'en émettant ma première opinion avec réserve et sur un seul point, je m'attendais à trouver de nouveaux et puissans motifs de détermination dans la discussion qui nous était préparée. Nous l'avons obtenue en effet, riche, solide, fortifiante pour l'avis déjà formé et secourable dans le doute; car, qui pouvait se défendre d'une sorte d'incertitude sur une proposition, présentée d'abord sous l'autorité de plusieurs hommes d'État, qui, dans le calme de leurs conférences, avaient dû la discuter profondément et l'y mûrir, et que nous avions vu ensuite au premier examen, dans les bureaux, être accueillie avec une défaveur presque générale.

Le rapport, produit au nom de la commission centrale, n'avait pas paru améliorer cette première impression faite dans la Chambre; mais des auxiliaires dans les intérêts du projet de loi, devaient venir, par des argumens nouveaux et de plus grands développemens, compléter sa défense, en repoussant des attaques nouvelles aussi. On ne s'est pas trop passé les armes, chacun a employé celles qui lui étaient propres, et la discussion y a gagné de la force et de l'intérêt.

C'est en me résumant intérieurement et à mesure, les efforts réciproques dans l'attaque et la défense, que j'ai suivi le sort de la question; et je vais essayer, Messieurs, de présenter à vos dernières déterminations ce qui m'a paru être la substance de cette discussion si abondante.

Le premier orateur s'est lancé au combat comme un enfant perdu, qui, sans entreprendre une attaque régulière, s'est contenté de reconnaître et de signaler les deux côtés faibles du projet de loi : d'abord, l'interprétation arbitraire et forcée de l'article 40 de la Charte, pour n'en tirer qu'un degré d'élection, ne former qu'un collége électoral par département, et établir ainsi un mode destructeur de la garantie de la propriété, en livrant le sort des élections à une majorité qui se cantonnerait nécessairement entre les 300 et 500 francs de contributions; secondement, le nombre inconsidéré d'électeurs dont les nouveaux colléges se composeront dans ce système, ce qui a entraîné l'orateur à les qualifier d'*armée électorale*. Conséquemment à ces considérations, l'opinant a rejeté le projet de loi.

M. de Caumont, de Tarn-et-Garonne.

La proposition des Ministres m'a paru passer sous une forte égide, quand j'ai vu prendre la parole à un orateur qui impose beaucoup par son argumentation serrée, et à qui, dans ma pensée, j'accorde le moins que je puis, de peur

M. Royer-C[...]lard, de la Mar[...]

qu'il me mène plus loin que je ne veux et me fasse conclure malgré moi. Mais nous avons pu sourire quand nous l'avons surpris se jouant ce mauvais tour à lui-même, et nous permettre ainsi de nous consoler de la domination habituelle de sa logique. Sur une interrogation à la Charte, il venait de lui faire répondre. La Chambre élective est *la Chambre des Députés des départemens, envoyés par les départemens.* Affirmant ensuite, avant de le démontrer, que la capacité d'élire donne le droit d'élire, et que l'électeur ne représente que lui-même, l'orateur est arrivé nécessairement à nous établir que les Députés ne sont plus *que les Députés des électeurs, envoyés par les électeurs*, ce qui est conséquent, mais passablement hérésiaque. On nous avait bien dit l'année dernière : *vous n'êtes point les représentans des départemens;* il faut donc que les Députés représentent leurs électeurs ou ne représentent rien. Cependant, nous assure le même orateur, il y a par la chambre élective *intervention de la nation elle-même dans le Gouvernement.* Ici la chambre élective reprend de la dignité; mais dans cette suite de réduction et d'élévation alternative qui nous abaisse et nous grandit tour-à-tour, je perds le fil logique de l'orateur pour arriver à une conclusion, et je cours à une autre question, celle du nombre.

L'orateur démontre qu'il doit être le plus grand possible, pour augmenter d'autant plus l'autorité morale et l'autorité politique de la Chambre ; ce qui nous amènerait au collége électoral tous les citoyens actifs, si la Charte n'avait posé une limite de 300 francs de contributions, au dessous de laquelle on ne saurait descendre pour désigner les électeurs. Cette limite réduisant le nombre des électeurs à cent mille, il ne restait plus qu'une difficulté d'exécution à examiner, celle de les réunir. Mais le défenseur du projet n'a rien imaginé de mieux que des constructions, temporaires sans doute, vu la période des renouvellemens ; moyens qui rappellent un peu les barraques du Champ de Mars, et dont la proposition a paru contre le projet de loi, un trait aussi malin que la dénomination d'*armée électorale*.

Si l'orateur n'a pu défendre la loi proposée avec toute la force de raison que l'on pouvait attendre de lui, il n'a pas laissé debout le projet des assemblées primaires, au cas qu'il prit à quelque membre l'envie de faire convoquer tous les citoyens actifs.

Ici il a paru avec tout son talent qui n'avait

pas cessé d'ailleurs de commander l'attention. On aime les efforts employés pour soumettre notre raison, elle y reconnaît sa propre dignité; et on y recueille une satisfaction de plus, quand on a sauvé de cette attaque l'opinion qu'on avait embrassée.

L'ordre alternatif de la discussion appelait à la tribune un adversaire du projet de loi.

M. de Villèle, de la Haute-Garonne.

Celui-ci ne s'est point livré à de vaines discussions métaphysiques, mais la rectitude de son esprit l'a fixé tout de suite dans l'ordre présent des choses et sur l'état positif de la question.

La Charte a sa garantie, et une grande garantie, dans l'impossibilité morale et matérielle du rétablissement des anciennes institutions; à notre tour, nous cherchons avec confiance nos garanties dans la Charte, et nous y trouvions celle de bonnes élections, tant qu'elle nous laissait le pouvoir de choisir parmi les hommes dont elle détermine la condition d'éligilibilité relativement à l'âge et à la fortune; mais nous la perdons, si une loi plus forte que la Charte, plus impérieuse qu'elle, nous force d'admettre tous ceux qui sont dans ces conditions, et donne nécessairement la majorité à la classe qui serait le plus près du *minimum* de l'âge et de celui de la fortune. D'où il résulte cette conséquence, que la majorité dans les colléges, suivant le mode d'élection proposé, devant toujours se former dans la classe de contribuables qui payent de 3 à 500 francs d'impôt, il est fort inutile d'y appeler les autres.

Au lieu de concentrer la grande influence sur les élections, dans une classe où l'on peut supposer en action toutes les passions s'élançant vers un accroissement de fortune, l'orateur, plaçant la force du Gouvernement représentatif dans *la magie des élections*, voudrait voir les citoyens se grouper autour de leurs intérêts communs, pour combiner les moyens d'obtenir de bonnes nominations. Du reste, il explique le mot concourir comme ceux qui n'en forcent pas le sens. Il prouve que le Gouvernement entendait l'article 40 en 1815, comme les adversaires de la loi l'entendent en 1816; que les colléges électoraux trouvés par les auteurs du projet si positivement désignés dans l'article 40, n'y avaient point été encore découverts en 1815, ni en septembre 1816, puisqu'on ne les a point employés après deux dissolutions successives.

Sans présenter positivement un autre mode d'élections, l'orateur vote le rejet de la loi proposée; et finit par réclamer dans les intérêts du Roi et de la France, que les élections soient libres, que la Chambre des Députés soit indépendante de ceux dont elle doit discuter les propositions, et que les Ministres se placent au niveau des institutions de leur pays.

M. Camille-Jordan, de l'Ain.

Un nouveau champion est entré en lice, pour la défense du projet de loi, et a dû prononcer un très-long discours, parce qu'il avait à y faire figurer deux opinans assez opposés entre eux, et qui doublaient la discussion : l'un qui aurait incliné pour les deux degrés d'élection, l'autre qui se décide pour un seul; le premier qui trouve la Charte *douteuse* sur le premier point, le second qui s'y reconnaît *enchaîné par des lois positives ;* un de ceux-là qui se déclare investi de la *très-grande lumière* déjà répandue sur la question par un collègue à double affinité qui l'a précédé à la tribune, et l'antagoniste qui trouve le même orateur *systématique et paradoxal;* un des deux qui a *une conscience politique,* et l'autre qui, sans nul doute, a une conscience morale. Enfin, si c'est le premier qui vote pour la loi, c'est bien le dernier qui, en exprimant des doutes et des regrets, nous console en disant que *tout n'est pas perdu*, que *des changemens heureux pourront avoir lieu.*

Cependant les deux opinans ont paru se réunir pour trouver une lacune au projet de loi, et essayer de la remplir. L'orateur *systématique et paradoxal*, avait trouvé dans la capacité d'élire, le droit d'élire; l'opinant y a reconnu, de plus, le devoir d'élire. L'omission de prescrire ce devoir est la lacune; le moyen de la remplir est dans une disposition pénale, pour forcer les électeurs à user de leur droit. Le motif de cette disposition s'expose de lui-même, c'est d'obtenir la présence de la majorité du collége, pour ne point abandonner l'élection à une majorité votante qui pourrait être la minorité du collége effectif. L'opinant vote l'adoption du projet de loi, et dépose son amendement sur le bureau.

M. de Castelbajac, du Gers.

L'orateur qui a suivi, n'a pas répliqué au précédent, s'occupant moins de combattre les opinions que d'attaquer le projet, qui lui-même n'est qu'une opinion, tant qu'il n'a point été converti en loi; il se prononce pour deux degrés d'élection et discute la valeur du mot qu'on voudrait y opposer; il relève l'expérience tranquille et si concluante, déjà faite, de la bonté du système, qu'une heureuse combinaison a rendu à la fois populaire et aristocratique, qui nous a donné les Chambres de 1814, 1815 et 1816, toutes honorables pour la France, et qui, pour ainsi dire, en a refusé une à l'usurpateur dans les cent jours.

L'orateur termine par réclamer l'indépendance des élections, la prépare par l'indépendance de son opinion, et rejette la loi qui les compromet toutes.

M. Favart de anglade, du Puy-e-Dôme.

Celui qui l'a remplacé à la tribune a établi d'abord, qu'aucun des modes d'élection adoptés en France jusqu'à ce jour n'a offert *la perfection* qui réunit tous les esprits, et que les systèmes suivis chez les autres nations sont également défectueux ; d'où il a conclu, que rien n'est plus difficile que d'organiser le corps social ; début effrayant, qui semble nous découvrir qu'après une longue marche révolutionnaire et quelques stations, nous n'étions encore arrivés qu'à ce commencement, l'organisation à faire du corps social. Mais pour nous rassurer, l'orateur a pris pour tâche de nous démontrer que le projet des ministres est un chef-d'œuvre sur cette matière, et réunit la perfection au dessous de laquelle ils ne veulent pas nous laisser. Pour relever le prix de ce travail, il en fait valoir la principale difficulté dans le texte obligatoire de la Charte, qui avait extrêmement réduit la sphère des idées où l'on aurait pu chercher la perfection à l'aide de la révision, et nous tenait enfermés dans le cercle étroit où il fallait la trouver.

Dans cette position, la discussion ne lui paraissait pas pouvoir recevoir une grande étendue; aussi, précédé à la tribune par cinq opinans seulement, trouvait-il déjà les débats épuisés sur cette question toute politique, lui qui sait cependant improviser très-bien de riches développemens sur une loi d'un intérêt civil. Il s'est donc borné à voir la loi proposée écrite dans la Charte, l'institution d'un seul degré exprimé par le seul mot *concourir*, et les ministres suffisamment initiés dans les secrets de l'avenir, pour répondre du résultat. Il s'appuie sur l'opinion, qui réclame une grande extension dans le nombre des Français appelés à participer aux élections, mais en évitant d'y considérer ce que la raison suppose; c'est que plus le nombre serait grand, plus il devrait entrer de modification dans les moyens de l'assembler et de le faire agir.

L'orateur se confie dans ceux du Gouvernement, pour l'exécution de la loi proposée, et l'adopte dans toutes ses parties.

M. Josse de Beauvoir, de Loir-et-Cher.

Un autre, inscrit pour la combattre, réclame une loi monarchique qu'il ne trouve pas dans la loi proposée, une loi qui ne puisse servir ni à la tyrannie populaire, ni au despotisme; il ne veut donc ni assemblée primaire, ni élections tumultueuses, ni élections dépendantes. Il voit dans la loi de l'an 10 sur les élections, tous les élémens d'une bonne loi d'organisation sociale : un seul y manquait, la nomination direete, et le Roi l'y avait ajoutée. La loi proposée ne conserve aucun avantage de la loi de l'an 10 et celui de l'élection directe y devient le plus grand vice par l'excès du nombre.

Il conclut à deux degrés de colléges électoraux, considérant les 300 fr. de contributions exigés par la Charte comme un *minimum* au dessous duquel on ne pourrait descendre pour y être admis. Il a terminé son discours par une sorte de péroraison très-remarquable, et une évocation terrible qui a fait comme apparaître dans la Chambre la révolution toute entière.

Dans le cours de la discussion parlée, il nous arrivait des opinions écrites, dont chacun aura fait sans doute, dans sa pensée, la critique ou son profit. Parmi elles, il en est une que je ne puis me retenir d'indiquer, comme des plus fortes contre le projet des ministres, c'est celle d'un député du département du Rhône.

M. de Cotton, du Rhône.

Il y témoigne son effroi, qu'il nous fait partager avec lui, de voir le Gouvernement venir, après tant de bouleversemens successifs, renverser de fond en comble notre système électoral. Il compare ce système, vérifié par l'expérience, à celui qu'on veut établir dans un avenir obscur. Le parallèle présente d'un côté toute la sécurité possible fondée sur les garanties combinées de la propriété et du choix, et une homogénéité de principe relativement au renouvellement périodique des colléges et de la Chambre; de l'autre, ces garanties évanouies dans le projet nouveau, celle de la propriété s'y trouvant toute viciée par l'appel de la totalité des contribuables de 300 francs, dont la majorité se groupera autour de cette faculté minime. La condition des 300 fr. donne bien ouverture au droit, mais non la possession du droit. *La Charte crée une classe d'électeurs, mais ne fait pas d'électeurs.*

Si les auteurs du projet ont eu l'intention de faire une large concession à ceux qui voudraient voir un plus grand nombre de Français concourir aux élections, l'opinant ne voit dans cette pensée qu'une doctrine funeste dont il représente vivement, dans un style animé, et par une suite de raisonnemens rigoureux, l'enchaînement de ses conséquences dévastatrices et anti-sociales, et le dogme anti-monarchique renaissant dans la loi proposée.

Une discussion pleine de force et de raison nous précise ensuite jusqu'où s'étend et où se renferme la garantie de la propriété, le point où elle devient nulle quand le propriétaire a plus d'intérêt à conserver qu'à résister, celui où elle cesse entièrement quand ce citoyen est dans une position qui lui donne plus d'ambition que de fortune.

D'une suite de considérations ou fixes ou profondes, d'argumens précis et serrés, l'opinant tire cette conséquence : que dans la loi proposée la classe des moindres propriétaires sera nombreuse et prépondérante ; que parmi elle se trouveront les ambitions les plus actives, les plus jalouses, les plus avides de changemens, et qu'enfin, au lieu d'une réduction légale des électeurs, il s'en opérera une d'elle-même par l'exclusion ou la retraite des grands propriétaires tranquilles ; étrange *pruderie* du législateur, dit spirituellement l'opinant, qui préfère laisser se former l'aristocratie de l'intrigue à la place de l'aristocratie légale, dont il pouvait combiner les élémens.

De ce beau système il voit ressortir le principe de l'obéissance au Souverain de fait, comme du droit aux éligibles d'être électeurs, ressort le dogme de la souveraineté du peuple.

L'opinant ne vote pas pour la loi proposée.

Le projet de cette loi commençait à avoir besoin d'un nouvel appui. L'orateur qui est venu prendre la parole, semblait lui en promettre un puissant; mais, au lieu d'employer son talent franchement à la défense directe du projet des Ministres, il s'en est servi à s'ouvrir une carrière vaste, où il était assuré de paraître avec plus d'avantages. Ainsi, après quelques concessions, qui laissaient indécise la question de la pluralité des degrés et des colléges, il est entré dans de hautes considérations sur les principes usuels de l'ordre social, qui a commencé nécessairement par des associations. Il ne s'est point dérobé dans les nuages de la métaphysique, ne s'est pas perdu dans les théories du Contrat social, mais s'est constamment appuyé sur les faits positifs de la société formée. Nous ne suivrons pas l'orateur dans les développemens de son premier aperçu. Ce discours, écouté avec l'at-

M. de Serre, du Haut-Rhin.

tention que commandait un énoncé de vues neuves, soutenu d'un débit attrayant qui avait l'apparence de l'improvisation, et d'une diction soignée qui présentait le caractère d'un ouvrage écrit, ne saurait sans inconvenance être mis en lambeaux dans une courte notice. Il suffit de nous rappeler que c'est dans un état de dissolution par l'individualité que l'orateur retrouve encore notre état présent, d'où il conclut que, pour nous reconstituer, il faut d'abord nous associer. Il voit le gouvernement représentatif sortir des forêts avec les Germains qui ont fondé les monarchies tempérées de l'Europe; les révolutions se préparer quand les grandes associations, ayant cessé de députer directement au trône, eurent perdu leur force et leur but; et la révolution éclater quand l'isolement, principe de dissolution, eût ramené au besoin de l'association. Il trouve donc le projet de loi proposé appuyé à peu près sur rien, ne l'étant que sur les hommes pris un à un.

Mais, de ces grandes considérations, on a vu avec regret ne sortir qu'un résultat mesquin, deux colléges qui ne présentent qu'une classification en vilains et en manans, ou, si vous voulez, deux ordres nouveaux, l'un de bourgeois, l'autre de paysans. Mais pourquoi séparer, d'une manière si tranchée, des hommes et des intérêts qui se sont donné la main dans nos colléges électoraux? Je soupçonne que l'auteur de l'amendement a étranglé sa proposition, faute de pouvoir la développer dans la position où nous nous trouvons; et j'y vois plutôt un rejet indirect du projet de loi proposé, qu'une amélioration sérieuse au système des ministres.

L'opposition formelle et singulière qui existait entre les opinions des mêmes hommes, à des tems différens mais peu éloignés, sur cette même matière des élections, pouvait présenter des rapprochemens piquans. Un adversaire du projet de loi, a saisi cette forme pour traiter la question et ranimer la discussion toujours prête à languir après une opinion qui a eu beaucoup d'éclat. L'effet en a été si complet qu'il a fait rire, je crois, jusqu'à ceux-là qui s'entendaient se contredire eux-mêmes. On peut fort bien placer une révolution entre deux opinions contraires; mais seulement une session! Il est inutile de reproduire ici ces points de contradiction relevés. Il suffit de rappeler que l'opinant, après s'être prononcé pour deux degrés, a paru penser que le principe qui a été présenté comme inadmissible au commencement de 1816, peut bien paraître douteux à la fin de cette même

M. de Cardonnel, du Tarn.

année, et qu'il était sage d'ajourner la question, en rejetant la loi proposée.

Le projet des ministres, ébranlé par les opinions qui l'attaquaient formellement, était quelquefois miné par des défenses faibles, dans lesquelles l'orateur semblait préoccupé des vices qui l'avaient frappé au premier examen de la loi; attiré d'un côté vers les principes, entraîné de l'autre par les considérations du moment. C'est dans une telle position qu'a paru se trouver le nouveau défenseur qui s'est présenté. Ainsi, il a cité des exemples d'élections directes, particulièrement prises en Angleterre, et qui seraient plutôt une critique que la défense de la loi proposée. Il a défendu l'indépendance des imposés de 3 à 500 fr., plutôt sous la forme d'apologie que par celle du raisonnement, et nous a rassurés sur les inconvéniens des grandes réunions; par la bienveillance hospitalière des habitans de nos chefs-lieux de département pour recevoir cette multitude.

M. Sartelon, de la Corrèze.

L'opinant a adopté le projet de loi, mais en faisant l'annonce d'amendemens importans.

M. Becquey, de la Haute-Marne.

Un sous-secrétaire d'Etat est venu continuer la défense du projet des ministres, et s'y est porté avec moins d'hésitation. La Charte, dit-il, a proclamé des droits. La loi ne peut ni les restreindre, ni les étendre, ni en créer.

La Charte a réglé le droit, la loi règle l'exercice.

La Charte ne prononce pas l'institution d'un seul degré d'élection, mais ne fournit pas non plus l'indication de deux degrés.

C'est en vain que les adversaires de la loi proposée interrogent la Charte, elle reste muette, et ne rend des oracles qu'aux auteurs du projet; elle leur a dit : *J'ai nommé les électeurs.* Ce dernier argument, qui clôt les apophthegmes, a paru sentir un peu le grand-prêtre.

Cependant l'orateur est descendu à justifier cette nomination faite par la Charte: il a paru croire aussi que la classe appelée par la loi proposée, avait besoin d'être défendue comme elle; négligeant de considérer que c'est le mode de réunion et de participation qui fait redouter la classe, plutôt que la classe qui fait rejeter ce mode repoussé même par son propre vœu.

Nous passons la discussion établie dans un intérêt personnel, et où l'opinant s'est avantageusement servi de son caractère honorable pour prouver qu'il ne changeait pas facilement de doctrine.

Il a fini par combattre quelques propositions qui ne nous avaient pas été bien formellement établies, mais auxquelles on a cherché à donner de la consistance pour avoir au moins l'apparence d'un succès; il a repoussé plus spécialement l'amendement qui tend à séparer dans deux colléges différens la propriété et l'industrie; et il est assez inutile d'ajouter que l'opinant a voté pour l'adoption du projet des ministres.

M. de Labourdonnaye, de Maine-et-Loire.

L'orateur qui a été entendu ensuite et qui a commencé par un certain scandale que nous ne voulons pas reproduire(1), s'est attaché particulièrement à représenter que le système de la loi n'est pas appuyé sur la propriété, base fondamentale de l'ordre social en Europe; que les cinq sixièmes des propriétaires seront formellement privés du droit d'élire, que l'ambition et l'audace se trouvent et se sont montrées dans cette partie inférieure de la classe moyenne, où l'on s'efforce de concentrer, non le droit, mais la puissance d'élire; qu'une telle conception enfin ne peut servir qu'à nous ramener sur l'océan révolutionnaire. Il conclut au maintien de la Charte et au rejet de la loi.

M. Cuvier.

Un commissaire du Roi, en produisant, au

(1) On peut sans inconvénient l'indiquer ici : c'était une attaque toute directe à la versatilité des Ministres.

grand jour de la discussion publique, un nouveau talent ajouté à la profondeur de la science et à la hauteur de l'écrivain, est venu agrandir prodigieusement le champ des débats. Il y est entré d'abord comme en se jouant, parlant de la *petite part* qu'il se proposait d'y prendre, témoignant quelqu'*effroi* des suites qu'aurait l'erreur d'une loi mal conçue, mais traitant cependant de *phantasmagorie* les appréhensions exprimées par de certaines images dont les réalités ne sont pas encore pour nous totalement évanouies dans le passé. Il a censuré, avec une ironie gracieuse, un orateur qui en avait agréablement censuré d'autres aussi, et tous deux nous ont laissés incertains si le ridicule était dans les hommes, ou dans les choses, ou un peu par-tout.

Mais le sujet du discours a bientôt grandi, lorsque l'orateur a établi le principe de justice universelle comme la fin et le but de toute association, principe réclamé sous le nom d'ordre par le Gouvernement, exprimé sous le nom de liberté, dans le vœu du peuple, et où l'on reconnaît la force de la justice, la nature de la loi et le but de la société.

De cette sommité d'une haute pensée, l'orateur nous a fait apercevoir une suite inévitable de conséquences dans lesquelles a été créé et perfectionné l'art de la politique, qui, aidé des évènemens, a produit le gouvernement représentatif. Il n'a pas craint d'aller en Angleterre nous chercher un modèle et un avenir, et nous a confié que c'était le gouvernement que le Roi nous avait donné. Il n'y manquait plus que l'organisation de la Chambre élective, la partie *la plus essentielle de ce noble édifice.* L'esprit de cette Chambre fixera l'esprit de la Constitution, et l'esprit des électeurs déterminera celui de la Chambre. Restait donc à choisir la classe de citoyens où était placé ce germe fécond du bon esprit qui doit régir tant de choses. C'est bien ici la question et toute la question, qui renferme à la fois le principe et l'exécution possible.

Tout ce qui avait été dit précédemment n'était guère que des préparations qui avaient fourni à des talens divers, une occasion commune de paraître.

L'orateur pense donc entrer dans le fond de la question en cherchant des électeurs qui aient l'esprit de justice, de sagesse et de dévoûment nécessaire. Il prescrit d'écarter les obstacles qui peuvent les en priver, savoir : la dépendance, l'ignorance et les passions. Eh bien ! dans le tarif de 300 francs, il trouve l'indépendance et les lumières; mais quant aux passions, pour s'en débarrasser, il les appelle toutes, afin que, ne pouvant les anéantir, on les combine du moins comme des substances chimiques, suivant leur degré d'affinité ou de puissance élective. Ainsi se trouvera le collége d'élection directe, transformé en un vaste laboratoire moral, d'où sortira l'œuvre merveilleuse, la pierre philosophale de la politique, les passions neutralisées et réduites en un pur amour du bien public. Ah! puisse la Providence préserver notre nation de rentrer en expérience dans les laboratoires et les creusets révolutionnaires!

Mais chacun a des craintes particulières et les exprime avec plus ou moins de naïveté. L'orateur nous a insinué les siennes contre les grands propriétaires et leurs satellites; comme si, dans l'organisation de la société, on pouvait voir autre chose que des patrons et des cliens, des juges et leurs justiciables, des avocats et leurs plaideurs, des professeurs et leurs élèves, des médecins et leurs malades. On prend encore quelque ombrage de ces familles restées plus riches d'origine que de domaine; on leur fait des complimens, mais ils ne demandent qu'une bonne loi pour tous; et on les transforme en grands feudataires en citant à la France l'exemple de la Pologne.

Quant aux difficultés d'exécution, l'orateur a reproduit, pour les combattre, deux objections différentes qui semblent se détruire réciproquement par leur opposition : l'embarras du grand nombre ou sa désertion. Si tous les électeurs appelés concourent, on ne pourra terminer l'élection; si beaucoup restent chez eux, on ne pourra la commencer. Qu'est-ce que cela prouve? Que le mode est vicieux dans tous les sens. Au reste, sur l'embarras du grand nombre, l'orateur a eu le même sort que les autres défenseurs du projet, celui d'en faire ressortir le ridicule encore plus fortement que ses adversaires. Ainsi pour réunir commodément des milliers d'électeurs, on avait proposé de construire des édifices; M. le Conseiller d'État propose très-militairement de faire *camper* l'armée électorale, assimilant assez singulièrement les phalanges d'électeurs à celles qui ont deux fois envahi nos domiciles, et que nos bons habitans appelaient, comme on le leur avait appris, *les barbares du Nord*.

Le reste de l'opinion positive a roulé sur l'influence ministérielle, point de controverse sur lequel on ne diffère que du plus au moins, car chacun reconnaît cette influence devoir être nécessaire, mais discrète; et les adversaires du projet s'y abandonnent bien loyalement, puisqu'en rejetant la loi d'élection, ils nous livrent, pour ainsi dire, à la discrétion de ceux qui gouvernent.

L'orateur décidé à faire face à tous ceux qui avaient attaqué directement ou indirectement le projet des ministres, n'a point passé à côté de l'amendement (1) qui le tranchait en deux; et il a soutenu une belle controverse sur le principe de l'association, contestant certains faits selon sa convenance, tirant des autres des conséquences commodes pour établir son système dominant de la concentration en opposition à celui des associations locales. Malheureusement nous avons l'expérience que cette concentration est un point extrême dans la passion de gouverner, où ont tendu également l'oligarchie populaire, et le despotisme d'un seul, depuis la république une et indivisible jusqu'à la consolidation de ce qu'on a appelé le gouvernement impérial. C'est ce système qui nous domine encore et qu'on veut établir sur *la matière électorale*, pour parler selon cette

(1) M. de Serre.

école de gouvernement, où il était imposé à l'esprit de chercher et de trouver de la matière en tout.

La clôture de la discussion m'oblige de clore aussi cette analyse, afin que mon vote qui devait la terminer n'arrive pas après le scrutin.

Je me permettrai une seule observation, déjà faite, mais qu'un exemple sensible renforcera. En Angleterre, l'élection est directe et a ses formes aussi : un Président qui est le schérif, un ou plusieurs bureaux pour recueillir les voix, des listes de votes qui se déposent comme des procès-verbaux. Or je demande s'il est un seul membre de la Chambre qui ait jamais lu ou entendu dire seulement qu'il y avait en Angleterre des colléges électoraux ; s'il s'en trouve un qui ait cette connaissance, je le prie de l'affirmer sans rire.

Ce ne sont donc point des colléges électoraux que la loi proposée nous donne par l'élection directe. Elle n'accomplit donc pas ce que prescrit l'article 35 de la Charte ; elle fait donc le contraire en faisant autre chose, pour ne pas dire qu'elle la viole.

Ainsi, dans l'intérêt de la Charte, comme dans celui de mon département, où l'esprit paisible fait désirer à chacun l'exercice de ses droits politiques sans trouble et sans grand éloigne-gnement de ses foyers, disposition qui laissera au citoyen privé d'une participation directe, du moins la consolation d'une influence voisine et utile, je vote :

1°. Le rejet de l'élection directe ;

2°. L'institution de l'élection à deux degrés ;

3°. Le maintien des colléges par arrondissement, sauf les amendemens applicables selon les localités.

Le point, Monsieur, où je me suis arrêté dans le rapport précédent, était bien loin de marquer l'étendue que la discussion avait prise : une longue suite de discours est venue l'enrichir encore. Je vais vous continuer une analyse rapide de ces débats animés, qui ne pouvaient tarir sur une question si propre à mettre les esprits en émotion, chaque fois que l'on hasarde de la reproduire.

Il était assez curieux d'entendre les adversaires du projet de loi invoquer contre cette proposition les textes royaux, celui de la Charte et l'opinion même des ministres dans la session précédente. Telles étaient les autorités dont

M. Cornet-d'Incourt, de la Somme.

s'était appuyé un orateur, lorsque, paraissant comme abandonner tous ces avantages, et rattachant son opinion à des considérations encore plus relevées, il a conclu à peu près ainsi : » Mais, Messieurs, si vous voulez avoir de » bonnes élections, commencez par rétablir les » bonnes mœurs et la religion, seule base de » la morale. Que l'éducation publique rede- » vienne une éducation chrétienne. Sur-tout » n'affectez pas de protéger la religion comme » une institution humaine, mais que cette fille » du ciel protège elle-même vos institutions. » Faites ensuite les lois d'élections qu'il vous » plaira, et vous aurez toujours de bons dé- » putés. »

M. Courvoisier, du Doubs.

Il n'a pas toujours suffi aux orateurs ministériels de faire l'apologie de la loi proposée. Quelques-uns ont cru devoir y ajouter un précis des causes de la révolution, qui semble la justifier plutôt que l'amnistier, en peignant comme un ordre de choses intolérable celui qu'elle a détruit, en nous montrant dans la magistrature et les premières classes de la société ses auteurs et ses victimes. Si le clergé ne figure pas nommément dans le tableau, *la cause féodale* l'atteint également dans la destruction révolutionnaire qui nous est représentée. Heureusement le retour de la féodalité n'est plus pour les Français, sous l'empire de la Charte, qu'un conte de revenant, dont on ne peut entretenir encore le peuple que pour lui imposer et sans y croire.

Du reste, selon l'opinant, le système de la loi est démontré bon, le résultat infaillible et sortant de la force des choses. Ainsi le Gouvernement pourra s'abandonner avec pleine sécurité à l'influence d'une si bonne institution : il n'aura ni intrigue à monter, ni vote à commander ou à marchander, moyens odieux en effet, dont le résultat le plus certain serait de corrompre profondément la morale publique.

M. de Montcalm, de l'Hérault.

Un orateur, à qui il appartenait de défendre des ancêtres honorés, a rempli avec noblesse le devoir de relever l'accusation violente qu'il avait entendu former contre eux. Chacun s'est satisfait en parlant chacun son langage; mais ce qui importait davantage à la question, c'est une proposition nouvelle et très-simple de l'opinant, d'après laquelle les colléges auraient été formés d'autant de fois cent électeurs qu'ils auraient eu de députés à élire, ces électeurs pris parmi les plus imposés, payant au moins 300 fr. de contributions.

La discussion a repris tout-à-fait le ton de la

modération dans un discours adressé à la raison seule, sans aucune part pour les passions. L'orateur, en défendant le système de la loi, a établi, d'après une autorité imposante, que le droit d'élection ne doit être interdit qu'aux personnes qui, par leur position, sont présumées n'avoir point une volonté indépendante, et doit être en même tems conféré à toutes les autres. Les principes ici sont aisés à poser; l'application seule est difficile, et la question y reste toute entière. Il s'agit donc, pour la résoudre, de régler le degré de fortune où se trouvera l'indépendance. Il a été fixé en Angleterre sous Henri VI, pour les électeurs des comtés, à un revenu de 500 francs de notre monnaie, valeur actuelle. Blackstonn trouve ce tarif de l'indépendance convenablement établi. On nous l'élève à 1500; n'est-ce pas déclarer en quelque sorte que nous avons moins de mœurs, moins de dignité de caractère, plus d'avidité de fortude que ces anglais qu'on nous propose pour exemple, toutes choses d'ailleurs que nous sommes bien loin d'admettre? Enfin il s'en faut de beaucoup en Angleterre que la condition d'un revenu libre et fixé mesure l'indépendance de tous les électeurs. Dans plusieurs villes, il suffit, pour avoir droit de voter, de n'être point

M. Faget de Baure, des Basses-Pyrénées.

à l'aumône de sa paroisse; et il paraît que *l'esprit du siècle*, dans ce pays, ne trouve point encore cette condition assez libérale. Dans d'autres cités, les chefs de famille sont seuls investis du droit de voter, et, dans quelques-unes, il n'est conféré qu'aux représentans de la commune, le maire et les membres du conseil.

C'est de ce mélange de tous les systèmes que sort la représentation en Angleterre; tout y fait bruit des vices qu'on lui reproche et plus encore du danger d'y toucher. Ce n'est donc point dans cette bigarrure que nous aurions été chercher un exemple; ce n'est point dans de telles circonstances que nous oserions dire, faites, défaites et refaites vos lois d'élection.

L'opinant continuant son discours et le semant d'observations plus ou moins justes, a établi que le patronage a été un principe modérateur sous les républiques, le vasselage un lien d'ordre et le seul dans l'anarchie; mais que rien de cela ne convient à la monarchie, quoiqu'elle ait duré huit cents ans ainsi viciée. On ne comprend pas bien le rapport que le vasselage peut avoir avec la question des élections, quand il n'y a plus de vasselage en France, ni comment la nouvelle loi nous préservera du patronage, quand tout est patronage dans notre ordre social. Il est plus facile de distinguer celui qu'on veut exclure et celui qu'on se propose de favoriser.

Quant au vasselage, Monsieur, vous m'objecterez peut-être qu'il en reste quelques vestiges dans nos Ardennes. En effet, nos bons cultivateurs ont conservé l'usage inconvenant, en parlant de leur maison domestique, de dire *mes sujets;* mais c'est sans malice, si ce n'est pas sans quelque prétention de supériorité ; et comme la loi a pris soin de les exclure des élections, vous penserez sans doute comme moi que cette singularité de mœurs est sans danger pour la représentation. Dans une classe au-dessus, qui compose proprement la bonne bourgeoisie de nos petites villes, plusieurs femmes se plaisent à appeler encore leur mari *mon baron*, pour dire mon maître selon l'ancienne acception du mot (1) ; mais comme elles atta-

---

(1) Si l'on cherche la signification de ce mot dans la haute latinité, on l'y trouve peu honorable : Cicéron et Perse ont employé le mot *baro* dans le sens de niais, stupide. Si on veut en prendre la racine dans le grec, l'étimologie est plus flatteuse : *baros* signifie *pondus* dans le sens direct ; *gravitas*, *autoritas* dans le sens figuré. Enfin, descendant à la basse latinité, aux historiens de la première race, le mot prend une acception

chent presque toujours un peu d'ironie à cette expression affectueuse, je crois encore qu'il n'y a aucun ombrage à prendre de cet usage innocent. D'ailleurs, la loi a pourvu pareillement à l'exclusion d'un grand nombre d'électeurs dans cette classe; vous savez combien de juges, de municipaux, de modestes commerçans, de notaires, de médecins et même de juges de paix

---

plus noble : *barones* signifie *viri fortes*, hommes forts et vaillans. Grégoire de Tours l'explique ainsi.

Les plus forts et les plus vaillans étant placés le jour du combat auprès de la personne des Rois, on dut appeler par la suite *barons* ceux qui, dans la bataille, obtenaient cette préférence. Ce sont eux aussi qui durent recevoir les premières récompenses, les bénéfices à vie sous la première race, devenus héréditaires sous la seconde.

L'histoire qualifie de *barons*, sous la troisième race, les feudataires qui relevaient directement du Roi, comme les comtes de Champagne, de Toulouse, de Bretagne, etc.

Depuis l'abaissement des grands vassaux, la qualité de baron paraît avoir été placée au dessous de celle de vicomte et au dessus de celle de seigneur châtelain.

En Allemagne, elle est dans la hiérarchie nobiliaire au dessous de celle des comtes, mais sans préjuger l'antiquité de la race. Le mot latin *baro* s'y traduit par Freiherr, qui signifie homme libre, et comme premier

ont été déclarés mauvais juges en matière d'élection, quoique nous pussions bien considérer notre département, malgré les *sujets* et les *barons*, comme radicalement purgé des effets et de toute idée même de vasselage.

Je reviens aux idées qui appartiennent particulièrement à l'opinant. S'il trouve le nombre de cent-vingt mille électeurs, que la loi nous

---

dégré de noblesse. Quelques-uns croient que les *boyarons* de Moscovie dérivent aussi de *barones*, assimilant les *knes*, dont ces boyards dépendent, aux princes ou ducs des autres États. En exemple d'étymologie hasardée, on trouve knes et knect présentant un rapport bien voisin; et cependant le premier signifie prince en russe, et le second valet en allemand.

Pour rassembler toutes les variétés de signification qu'a eu et présente encore le mot *baron*, ajoutons que sous la traduction *barone*, les Italiens entendent un gueux, un fripon, sans doute en souvenir des exactions militaires qu'ils éprouvèrent par fois des troupes allemandes; et qu'en Picardie et en Champagne, le mot *baron* a signifié et signifie encore le mari, comme *vir* en latin; l'un et l'autre renfermant les idées de force et de puissance.

Nous espérons que cette érudtion d'emprunt ne saurait offenser ni la hiérarchie ancienne, ni la hiérarchie nouvelle, ni même ceux qui n'en peuvent supporter aucune.

donne, être tout juste celui qu'il nous faut, et tous les embarras évanouis par la suppression des colléges d'arrondissement; il nous rassure contre les grandes réunions qui en résulteront, par cette seule considération, que l'ordre est une qualité naturelle aux Français. « On le re- » marque, ajoute-t-il, dans leurs lois, dans » leurs ouvrages et même dans leur langue. » Cette dernière observation est fine; mais comment avec un instrument si juste nous a-t-on conduit à tant d'entreprises extravagantes? Est-ce par esprit d'ordre qu'on était arrivé à la république une, indivisible, et absorbant toutes les autres associations étrangères? Enfin serait-ce à cette disposition pour l'ordre, mais dégradée par la révolution, que nous devons la manie réglémentaire qui est la vanité de tous les agens et la désolation de tous les administrés. Nous savons bien que c'est au gouvernement détruit que nous devons la pléthore administrative, mais on craint bien généralement que nous n'en puissions guérir.

Pour la loi des élections, elle a dû paraître à l'opinant véritablement mieux empreinte que notre système administratif, de cet esprit d'ordre qu'il attribue au caractère national et qui fait la simplicité et la clarté de notre langue.

En effet, cette loi élève le cens, appelle tout ce qu'il atteint, et par ses seules dispositions, nous assure tous les ans une agitation salutaire, répartie avec précaution dans l'étendue de la France. L'orateur y trouve tout ce qui était sage et possible au législateur de faire, et recommande le reste à l'esprit public.

M. Benoît, de Maine-et-Loire.

La matière de la discussion paraissait épuisée; chacun le disait, excepté les orateurs inscrits qui avaient encore quelque chose à dire. Il s'en est présenté un pour prouver en effet le contraire. Un commissaire du Roi, gêné dans les limites de la question, en était sorti pour s'élancer dans la vaste sphère de son talent. Le nouvel orateur l'y a ramené, enfermé et assiégé. Vous soutenez, disait-il, que votre système est bon parce qu'il est dans la Charte, et qu'il est nécessairement dans la Charte parce qu'il est bon ; et l'opinant s'est engagé à prouver que non seulement la loi proposée n'avait pas ses bases dans la Charte, mais qu'elle serait en outre funeste pour tous et injuste pour un très-grand nombre. Ce texte nous préparait à conclure, avec la propre logique de M. le Commissaire du Roi, que la loi était mauvaise puisqu'elle n'était point dans la Charte, et qu'elle ne pouvait point être dans la Charte puisqu'elle était mauvaise; et chacun se souvenait en effet que cette loi, arrivée comme une comète chargée de mauvais présages, n'avait point encore été aperçue dans notre système l'année précédente. Mais nous ne suivrons pas l'opinant dans les développemens très-étendus de sa proposition; nous rappellerons seulement quelques-uns de ses raisonnemens les plus frappans.

L'auteur de la Charte, disent les auteurs de la loi, a voulu donner pour base à la représentation, la propriété; eh bien! les propriétaires des deux tiers de la France sont exclus des élections. On établit que le grand nombre d'électeurs est une garantie des bons choix; et l'effet de la loi est au contraire, pour dix départemens, de concentrer le droit de voter dans un nombre trois fois plus petit que celui résultant du mode donné par le Roi. Relevant enfin la doctrine des retranchemens, établie si singulièrement pour justifier toutes les voies d'influence employées par les ministres ou leurs agens, par la nécessité où se trouveraient tous les fonctionnaires publics de se tenir sur la défensive contre leurs administrés; il a exposé combien serait déplorable un système qui suppose une guerre continuelle entre le gouvernement et les sujets, entre l'administration et le peuple. « Ah! s'il

» était vrai, s'est écrié l'orateur, que telle fût » l'essence du gouvernement représentatif, si » telle était la nature mystérieuse de cette insti- » tution, quel Français ne serait tenté d'aller se » jeter aux pieds du Roi, et de lui dire : Déli- » vrez-nous, Sire, de cette organisation si com- » pliquée; brisez tous ces ressorts qui ne se » meuvent qu'avec des frottemens si dangereux; » écartez toutes ces barrières qui se placent en- » tre le monarque et son peuple, et rendez-nous » pour unique loi votre sagesse et votre volonté.

» Mais telle n'est pas, Messieurs, notre posi- » tion, tel n'est pas le Gouvernement que le Roi » nous a donné, etc.;» et l'orateur s'est empressé d'exprimer la sécurité de tous. Tous en effet nous sommes loin de craindre d'être abandonnés de nouveau à l'anarchie, ni de retomber sous un gouvernement où nous risquerions de voir, sans remède ni opposition, dans chaque employé un oppresseur, dans chaque administrateur un tyran.

Mais, Monsieur, si, pendant que je vous écris ce rapport exigu de nos séances, nous lisons dans tous les journaux sur les prochaines élections, des articles alarmans que l'autorité y dépose chaque matin, dans ses appréhensions du choix qui se prépare pour composer la députation de Paris; s'il faut croire avec le Gouvernement (car nous s'avons que lui seul parle en ce moment dans les journaux), s'il faut croire, dis-je, que huit députés dangereux qui seraient donnés pour la députation de Paris, suffiraient pour mettre le Trône et l'Etat en danger; si enfin nous en sommes encore à ce point d'agitation, où une commotion anarchique, produite dans la capitale, peut porter en un instant la foudre révolutionnaire jusqu'aux extrémités du royaume, la loi des élections serait jugée, et je pourrais me dispenser de vous analyser davantage les opinions qui l'ont défendue et préconisée comme une conception bonne et heureuse. En effet, quand je vous ferais passer en revue tous les conseillers d'Etat montant successivement à la tribune, je n'aurais que les mêmes affirmations à vous reproduire. *La Charte a fait les électeurs*, répéterait-on encore; mais chacun ayant bâti son système sur cette base commune, reste l'expérience pour compléter le raisonnement, et l'on trouvait sage de s'abandonner à celle de l'avenir par un nouveau mode d'élection. *Nos droits ne sont écrits que dans la Charte;* mais cette assertion, avait répondu d'avance un préopinant (1)

M. Beugnot de la Seine-Inférieure.

(1) M. Benoît.

rendrait bien incertains des droits plus précieux encore que le droit d'élection, comme celui de primogéniture dans la succession au Trône, dont la Charte ne dit mot.

Enfin, jusqu'aux diatribes contre les victimes de toutes les destructions, tout devait être répété. Je pourrais donc, Monsieur, sans trop mutiler la discussion, l'abandonner ici, s'il ne m'était pas comme imposé d'arriver jusqu'à une opinion qui ne répète rien, que vous connaissez sans doute, mais que vous ne me pardonneriez pas de vous soustraire ici. Lors même qu'il n'eût point été question de la nouvelle loi, ce discours n'en aurait pas moins eu un grand intérêt, parce qu'il enseigne comment doit être traitée une question importante, dans quelles généralités il convient de la considérer, l'ordre des vérités d'où il faut partir, celui des principes où il faut rester. C'est ainsi que l'orateur use de sa puissance habituelle, de poser dans la discussion des bases inébranlables, contre lesquelles le sophisme vient se briser comme un flot impuissant. Ici, pour déterminer l'exercice du droit de voter, il pose cette règle d'une justesse si générale, dans cette question, *de faire tout semblable où il n'y a rien d'égal*; et il en tire des applications également

M. de Bonald, de l'Aveyron.

heureuses; et contre la nouvelle loi, et en faveur de l'ancienne. « Celle-ci désignait pour » électeurs les six cents plus imposés, et tout » département, fort ou faible, a six cents plus » imposés. La plus forte cote de ces six cents » imposés quelle qu'elle soit, exprime dans cha- » que département un même degré de richesse, » comme la dernière un même degré d'aisance » relative; ainsi égalité de nombre entre les élec- » teurs, malgré l'inégalité de la population res- » pective; et similitude d'indépendance, malgré » l'inégalité des richesses. Toute la loi est là, et » le problême est résolu. » Plus loin, l'orateur oppose entr'eux les principes et leurs résultats. « L'énonciation des six cents plus imposés an- » nonçait à la nation que la députation, chez » une nation propriétaire, est un droit de la » propriété, et elle établit toute seule cette » prééminence de la propriété foncière, qui est » la véritable noblesse domestique..... La loi » proposée, en fixant une quotité de contribu- » tion invariable et égale dans tous les départe- » mens pour exercer les fonctions d'électeurs, » n'a su, à force de régularité, que produire le » cahos : elle a détruit toutes les proportions et » mis par-tout la plus injuste, la plus cho- » quante, la plus ridicule inégalité : tout est

» *égal*, et c'est ce qui fait que rien n'est sem-
» blable.

L'opinant a traité successivement, avec l'abondance d'idées dont il est riche et la concision d'expression qui lui est propre, tous les objets de controverse qui étaient nés de la discussion, ou qu'on y avait amenés avec dessein. Il a développé l'importance de la distinction entre la représentation des volontés et la représentation des intérêts. Il a exposé combien l'une est métaphysique, et l'autre positive et sensible pour tous; combien d'absurdités dérivent du premier système, et comme la stabilité du gouvernement représentatif se fonde sur le second. Il a énoncé des idées particulières sur les classes, considérant dans l'ordre social des états nécessaires, indépendamment des états utiles; enfin, l'état primitif de la famille, celui où elle tend et celui de progrès ou de mobilité, dans lequel tous ses individus sont inquiets par position. Il a parlé de la révolution avec modération, des opprimés avec la dignité et les paroles de Cicéron. Plusieurs traits piquans, qu'une expression vive et précise rendait inévitables, ont animé les différentes parties de son discours. Des considérations très-graves sur les conséquences d'une mauvaise loi d'élections l'ont terminé. Le rejet du projet proposé en a été la conclusion.

J'aurais encore, Monsieur, plusieurs opinions à vous produire pour faire figurer de profil seulement, dans la galerie de nos orateurs, tous ceux qui ont opiné sur la question. Je crains, en vous entretenant trop longtems du même sujet, d'avoir le même tort que cette discussion si prolongée, et de vous voir à la fin tourner ces feuillets comme j'ai vu nos bancs se vider. Cependant je hasarderai de vous recueillir encore quelques traits plus ou moins saillans; mais pour vous reposer de la tribune, je parcourrai un instant des opinions distribuées qui n'ont point été entendues, et qui, privées des honneurs des journaux, n'ont pu arriver jusqu'à vous. La plus remarquable est certainement le développement donné à une première opinion émise par le même membre. On y trouve cette largeur de base dans le raisonnement, et cette sagacité dans les aperçus, qui, réunis à une grande clarté de style, non seulement produisent la conviction, mais même ne permettent guère à l'hésitation de la suspendre. Il s'est attaqué d'abord à ce principal argument des défenseurs du projet de loi, que plus le nombre d'électeurs serait grand, meil-

M. de Cotton du Rhône.

leure serait la députation; et il a démontré que ce n'est pas l'élection en elle-même qui rend un homme plus ou moins propre à représenter les intérêts des autres, mais sa position. Il en a présenté deux exemples pris aux deux extrêmes de l'ordre social; l'un, le plus incontestable, pris au degré le plus élevé, dans la royauté, où l'idée d'élection ne rappelle que celle du cahos; l'autre au plus bas de l'échelle, en citant celui des maires de nos cent mille communes, et qui sont si généralement considérés en France pour leur dévoûment plus ou moins éclairé, plus ou moins actif aux intérêts de leur commune et de leurs administrés. « Eh bien aucun d'eux n'a été nommé, ni par un petit ni par un grand nombre de ses administrés; tous le sont ou par le Roi, ou par le Préfet. D'où vient donc cependant que ces hommes se trouvent transformés tout-à-coup en si bons représentans de leur pays? Que cette magistrature soit de toutes la plus populaire, celle dont la voix ait le plus d'empire, même sur toutes les classes de la société? C'est que toute la considération d'un maire, auprès de ses concitoyens, résulte de ce qu'il fait pour eux et qu'il est obligé de faire pour sa position, puisque l'importance qu'il en retire est le seul produit de sa place.

Ainsi, continue l'orateur, prenez les hommes tels qu'ils sont, rendez-les ce qu'ils doivent être, et faites-les agir comme il faut qu'ils agissent, en employant tous les mobiles qui maîtrisent le cœur et la volonté; c'est-là tout le secret des bonnes institutions politiques. »

Se prenant ensuite à cette argumentation banale, que le plus grand nombre est le plus propre à exprimer l'opinion publique, il demande : Est-ce donc qu'on penserait qu'une loi serait politiquement bonne, parce que tout le monde la dirait bonne? Que sont donc devenues toutes ces constitutions et ces milliers de lois à leur appui, qui se sont succédées en vingt-cinq ans, et que toute la France a proclamées impérissables? Il est donc évident qu'une loi n'est pas politiquement bonne, parce que tout le monde lève la main pour jurer qu'elle est bonne; qu'elle ne produira pas tels effets, tels résultats, parce que ceux qui en parlent disent qu'elle produira ces effets et ces résultats, et enfin qu'elle ne durera pas, parce la volonté générale est qu'elle dure?

« Mais puisque des institutions et des lois ont traversé les siècles au milieu des orages, il y a donc indépendamment de la volonté et des théories des hommes, des principes fixes, des

principes dans la nature même des choses. »
L'auteur en indique un si simple qu'il se présente lui-même à toute conception que la manie des systèmes ne domine pas : c'est d'adapter la loi à l'esprit et aux mœurs de la nation, convenance qui a été tellement méconnue ou méprisée, qu'un défenseur de la loi a proposé de prononcer des peines pour obliger l'électeur à porter un vote, comme il a été établi des contraintes pour forcer le contribuable à payer l'impôt. Notre autre collègue a proposé un moyen plus doux, en concluant, que pour approprier le système électoral au génie et au caractère de la nation, il faut en retrécir le cercle au lieu de l'agrandir, puisque les élections tendent d'elles-mêmes à se concentrer, et qu'il est dans nos mœurs de ne se faire honneur de remplir une fonction qu'alors qu'elle nous distingue, et non quand elle nous confond.

Sur la position politique et intérieure de la France, l'auteur de ce discours ajoute des considérations qu'il expose avec sa sagesse ordinaire et sa vue pénétrante, et termine par ce mot, *réfléchissez...* c'est dire assez poliment que la loi proposée lui paraissait nullement réfléchie.

Un autre membre, en donnant son opinion avec beaucoup de modération et des formes insinuantes, a commencé par établir ce qui était de vérité incontestable, pour tâcher ensuite d'en déduire comme conséquences nécessaires tout ce qui était contesté. Mais dans cette marche officieuse, il n'a pu éviter ce qui était arrivé à plusieurs autres, de faire la censure de la loi même qu'il défendait : ainsi il a reconnu « que dans le choix des individus qui » devaient être appelés à nommer les Députés, » notre premier devoir serait de n'admettre à » cette importante fonction que des hommes » dont les principes, l'attachement au Gou- » vernement, l'amour de leur pays, nous don- » neraient des garanties de la bonté des choix » qu'ils feraient pour la Chambre; mais qu'o- » bligés à ne voir des électeurs que dans les » contribuables de trois cents francs, nous n'a- » vions à nous occuper que du mode de les » organiser en colléges électoraux.» C'est-à-dire, que la loi ne fait pas ce qu'il y avait de mieux à faire et d'un mieux possible. D'où les adversaires du projet ont pu conclure au contraire que c'est la loi qui a été mal déduite de la Charte, et non la Charte qui a manqué à la loi; car ils proclament la Charte bonne, si elle est bonne

Le prince de Broglie, de l'Orne.

pour tous , si elle protége ceux qui voudraient ne plus subir de changemens , aussi bien que ceux qui ont tout changé.

Le même défenseur du projet a été plus heureux à faire sentir les défauts des propositions opposées , parce que la question a été posée de manière à rendre tout difficile , excepté un acquiescement pur et simple. En effet les amendemens proposés par les préconiseurs du projet de loi , n'ont fait que le rendre plus dangereux en altérant son système. Mais quand il s'est agi de conclure , notre collègue a eu encore la bonne foi de marcher sur une trace faite (1). Un orateur, pour dernière sûreté , nous avait recommandés à l'esprit public , celui-ci , pour résoudre toutes les difficultés , nous a renvoyés à l'expérience d'un bon résultat.

M. Prosper Ribard, de la Seine-Inférieure.

Nous avons eu aussi l'édification de l'optimisme d'un homme de bien , qui fonde son opinion sur *sa croyance politique* , qui voit les intérêts et les passions des autres réglés comme sa raison, et toutes les considérations bien acquises , aussi assurées que la sienne. C'est un auxiliaire honorable pour une proposi-

---

(1) M. Faget de Baure.

tion ministérielle, mais qui ne suffit pas pour décider une question. Si la même proposition a pu inspirer aux uns tant de confiance, aux autres tant d'inquiétudes, faut-il l'attribuer à la diversité des esprits, ou à celle des intérêts, ou à toutes deux à la fois. Mais nous avons vu des personnes, placées à peu près dans la même position que le préopinant, émettre une opinion bien différente. Un Député de la Marne n'a pas trouvé dans la nouvelle loi d'élection, ces motifs de sécurité que d'autres se plaisaient à y reconnaître. Il n'y voit que la garantie qu'on peut présumer de la propriété, il y cherche en vain *celle de la moralité* ; « car si la fortune » constituait tout le pouvoir, et devenait l'u» nique base de la considération et des pri» viléges, nous tomberions dans une espèce de » matérialisme politique qui donnerait à l'es» prit la plus fausse de toutes les directions. » Il regarde les deux degrés comme indispensables pour adjoindre la moralité et la fortune. Il n'aperçoit rien dans le projet de loi qui puisse nous conduire avec sûreté à un choix éclairé. Il indique comme élémens purs des colléges électoraux différentes séries de citoyens, exerçant des fonctions honorables et gratuites ; d'où

M. Ruinart de Brimont, de la Marne.

sortiraient, par un premier degré d'élection, des électeurs de choix pour former le collége qui devra nommer les Députés; il est sensible que le mérite de ces électeurs serait mieux présumé d'un premier choix, que d'un hasard de fortune qu'on verra inévitablement investir du droit de voter, plus d'un sujet indigne dont le suffrage ne peut être qu'un déshonneur, et qui aurait été repoussé de tous les colléges, s'il n'y avait été introduit de force par une loi imprévoyante.

Il est des esprits qui, n'ayant pas la force ou la volonté d'examiner une question dans tous ses rapports avec son sujet, font comme ces infirmes qui, pour considérer un objet, y dirigent un œil et en détournent l'autre, ce qui leur donne l'apparence de le regarder de travers.

' M. Michellet, de la Creuse.

Un député de la Creuse a cru pouvoir établir en proposition générale que, dans les gouvernemens représentatifs, la démocratie doit avoir son siége dans la chambre des communes et l'aristocratie dans celle des pairs, et il a mis de côté plusieurs gouvernemens représentatifs qui existent actuellement sans Chambre des pairs.

Il nous présente la prépondérance de la démocratie dans la chambre des communes, comme devant assurer le salut de l'État; mais sans nous instruire de ce qu'il entend positivement par démocratie et aristocratie, mots qui changent de valeur dans chaque question. Si le droit de propriété établi en abolition de la communauté des biens, est le premier fondement de la plus véritable aristocratie; le désir et la volonté de conserver son héritage ou le produit de son industrie et de le transmettre à ses enfans, ne seraient-ils pas le principal caractère de cette aristocratie, comme l'ambition de détruire et de niveler tout jusqu'au point où l'on se trouve, s'est montré être celui de la démocratie qui nous a révolutionnés; et si l'effort constant de celle-ci est d'absorber tous les pouvoirs, comment peut-il être bon de placer sa prépondérance quelque part que ce soit?

L'auteur de la même opinion, en nous vantant la merveilleuse pondération de la démocratie et de l'aristocratie, se balançant l'une l'autre, a oublié de nous dire ce qu'était devenue en Angleterre la chambre des pairs, qui n'était cependant pas un nouveau-né, lorsque la démocratie proprement dite eût envahi la chambre des communes; et ce que devinrent les communes elles-mêmes, quand elles se furent résoutes en un usurpateur qui s'empara de tous les pouvoirs qu'elles avaient absorbés. Il ne présage pas non plus ce que deviendrait cette même Angleterre, si la démocratie parvenait à obtenir de nouveau la prépondérance dans la chambre des communes, où domine encore, pour la paix de l'Europe, l'aristocratie qui veut le maintien des propriétés et de la constitution.

Lorsqu'en 1793, on essaya, sous le nom d'emprunt forcé, un nivellement préalable des revenus, on excepta de la mesure celui qui ne s'élevait qu'à 1,500 livres par chef de famille, ce qui représente à peu près un contribuable de 300 livres d'alors. Ce n'est pas sans doute une force magique de ce nombre 300 qui déterminait les législateurs de ce tems-là; mais il est assez remarquable de voir la limite du nivellement dans un tems et celle du privilége dans un autre, placée en sens inverse mais au même point, sur l'échelle de gradation des fortunes.

Les adversaires du projet de loi, signalés quelquefois comme les adversaires de la Charte, par ceux qui se qualifient exclusivement de *constitutionnels*, avaient cependant sur eux un avantage particulier dans cette discussion, celui de rester beaucoup plus respectueux devant le texte et de ne rien imputer qu'aux interprêtes. Ainsi, par exemple, quand ceux-là assuraient que la Charte appelait aux élections *tous* ceux qui avaient les qualités requises, quoiqu'elle ne l'eût point exprimé, et supposaient ainsi que l'expression la plus propre et la plus simple avait manqué au législateur; les opposans montraient certainement une plus grande révérence, une plus véritable soumission, en soutenant avec la simplicité de l'obéissance que si le législateur n'a point écrit ce mot décisif *tous*, c'est tout bonnement qu'il ne l'a pas voulu, ou que s'il n'a pas eu l'idée du mot, c'est qu'il n'a point eu la pensée de la chose.

Ce n'est donc que l'ambition de former et de se dire un parti qui pourrait en imaginer un autre en opposition à la Charte. Elle est devenue pour les Français, après la destruction radicale de toutes les institutions de leur ancienne monarchie, comme une providence politique à laquelle chacun est obligé de s'en remettre dans les intérêts les plus opposés, tellement qu'il n'est pas même possible de rêver autre chose à sa place. Or c'est dans ce sentiment, nous a-t-il paru, que plusieurs de nos collègues ont continué d'user du droit de discussion pour manifester et motiver leur opinion contre la loi proposée. L'un exprimait particulièrement sa crainte de voir passer à une faible majorité, une loi qui n'aurait pas trop de la plus grande, pour donner cette sécurité qui doit témoigner et assurer le repos de la France. Un autre représentait le danger de concentrer dans telle classe que ce soit une prépondérance absolue. Un troisième faisait ressortir l'injustice d'exclure deux classes extrêmes, au lieu de les respecter toutes et de n'en blesser aucune. Un dernier demandait, s'il était venu à la connaissance de la Chambre une seule réclamation contre les deux degrés d'élection, si ce mode n'était pas vraiment national, étant aussi ancien que nos États-Généraux? Il a terminé par invoquer le témoignage des neuf sénateurs, actuellement pairs de France, qui ont fait partie de la commission chargée par le Roi de travailler à la rédaction de la Charte, leur demandant de déclarer si l'opinion dominante ne se manifesta pas constamment pour les deux degrés. Cette interpellation avait quelque importance, quand celui qui la faisait rappelait qu'il avait eu l'honneur d'être un des neuf membres du Corps-Législatif, appelés à cette même commission.

M. de Villefranche, de l'Yonne.

M. de Mirandol, de la Dordogne.

M. Barthe la Bastide, de l'Aude.

M. Clausel de Coussergues, de l'Aveyron.

Enfin, un Député de Paris a pensé qu'on pouvait rester dans l'esprit de la Charte, ne point attaquer dans son essence la loi présentée, et cependant modifier avantageusement son premier article, qui appelle au collége électoral tous ceux ayant les qualités exigées. Il aurait suffi de n'en appeler que proportionnellement au nombre des Députés à élire, et d'établir un mode d'appel; mais c'eût toujours été une grande brêche faite au projet. On ne voulait ni d'élection médiate avec un plus grand nombre d'électeurs, ni d'élection directe avec un plus petit que ne proposait le projet.

M. Breton, d[e] la Seine.

C'est ce qu'a prouvé avec la logique ministérielle un conseiller d'État dans un discours écrit avec méthode, et où il a montré toute la loi dans la Charte, et en même tems tous les avantages dans la loi. Les deux propositions ont été établies avec beaucoup de soin; il était important en effet de prouver que le sens de la Charte n'y était pas forcé, de peur qu'un jour on n'accusât les interprètes d'avoir, comme les prêtres de l'erreur, égorgé une victime pour y lire les destins de la nation.

M. Siméon, d[u] Var.

Après avoir parcouru, Monsieur, les opinions distribuées qui me sont parvenues, je ne me permettrai plus qu'un mot sur les dernières qui ont retenti de la tribune.

Vers la fin de la discussion, chaque orateur qui la prolonge ne manque pas de déclarer la matière épuisée, et s'efforce toutefois à produire de nouveaux argumens, soit dans l'intérêt de la question, soit pour montrer les ressources de son esprit. D'ailleurs on peut avoir, comme un de nos collègues, des hésitations à justifier, vouloir expliquer comment on a été ébranlé dans son opinion, et ensuite rallié au système de la loi. Ce n'est pas argumenter sans art que de ne point débuter par l'affirmation. Enfin des paroles de conciliation, des conseils salutaires ne caractérisent pas sans utilité les intentions et la franchise.

M. Blanquart de Bailleul, du Pas-de-Calais.

Un orateur qui en met toujours prodigieusement, de la franchise dans ses opinions, n'a pas renoncé à dire à son tour tout ce qu'il voyait dans le projet de loi, et tout ce qu'il n'y voyait pas; y trouvant de trop, par exemple, des électeurs de droit inventés hors de la Charte; y trouvant de manque pas moins que la propriété et l'élection; la propriété, puisque le projet exclut celle qui domine au haut de l'échelle par la quotité, au bas par le nombre; l'élection, puisque, par l'organisation proposée pour le bu-

M. Piet, de la Sarthe.

reau, elle y arriverait toute faite. Quelques orateurs avaient aiguisé leurs discours par des attaques indirectes, en rebroussant vers un passé qui supporte également le blâme et la louange. En opposition à ces censures peu généreuses, il a paru plus noble à l'opinant d'animer son discours par des sentimens et des souvenirs honorables pour tant d'institutions détruites et encore attaquées, pour tant d'hommes illustres qui leur ont appartenu ; et, repoussant l'imputation d'ambition faite aux adversaires de la loi, je les cherche, a-t-il dit, ces ambitieux parmi nous, appelés ici par la Charte sans traitement et qui nous acheminons vers le déclin de la vie, sans autre désir, sans autre besoin que de sauver la patrie du retour vers l'anarchie.

Ici le ministre de l'intérieur est venu balancer les débats, résumer la discussion, et répliquer dans l'intérêt du projet de loi. Il a tout redit, mieux dit et ajouté beaucoup encore pour le défendre; mais avec une dignité et une force de talent qui se relèvent l'une l'autre, et auxquelles on ne saurait se retenir de rendre hommage, quand elles nous montrent le législateur toujours défendant la loi et non plaidant une cause, l'orateur toujours à la tribune et jamais au barreau; tellement que, tout révolté qu'on soit contre la proposition de la loi, on le sent souvent prêt à se rendre à celui qui la défend ainsi.

M. Richard, de la Loire - Inférieure.

Toutefois la discussion a continué. Il ne s'agissait plus d'épuiser la matière de la discussion, mais la liste des orateurs. L'un y a pris l'occasion de défendre, moins quelques-unes de nos institutions détruites que la monarchie toute entière, qui existe avec gloire depuis tant de siècles, que Henri IV et Louis XIV ont rendue si florissante en dedans et si redoutable au dehors, et qui probablement était appuyée sur des fondemens plus solides que ceux sur lesquels viennent de se renverser, avant d'avoir pu s'élever, tant de constitutions, effort merveilleux de la politique moderne. L'orateur a donc pensé «que s'il avait été d'une grande sagesse au Prince rendu à nos vœux, et qui nous a octroyé cette Charte, gage de son amour, d'en chercher les principes, comme il l'a exprimé lui-même, dans les monumens vénérables des siècles passés, en réunissant les tems anciens et les tems modernes; il devait être de la nôtre aussi, en examinant le projet de loi proposé par les ministres, de chercher cette alliance entre l'ancienne et la nouvelle constitution.» Or il l'y a cherchée, mais l'a cherchée en vain.

Un autre n'y a pas cherché tant de choses, et pas autre chose que la proposition ministérielle; et, dès lors, avec une facilité extrême, il comprend l'article 40, se dispensant d'examiner ce qu'il contient de positif, et ne s'attachant qu'à ce qu'il marque en intention. Par cette méthode il y trouve *coulée d'un seul jet la masse électorale.* Il est toujours triste de retrouver dans une opinion bien faite cette habitude de la nouvelle école, soit de philosophie, soit de gouvernement, pour nous matérialiser tous jusque dans la pensée du législateur; juste punition de l'obéissance passive que nous avons eue aux caprices de l'usurpation, qui ne voyait en nous qu'un vil argile, propre à faire également des visirs ou des esclaves, des dieux et des magots.

M. Boin, du Cher.

L'inscription pour la parole avait donné le dernier rang à un Député, heureusement choisi par le hasard pour ramener sur la question l'attention de la Chambre, plus épuisée encore que la discussion.

M. de Corbière d'Ille-et-Vilaine.

Tombé droit sur la question, l'orateur a distingué le droit et la capacité. Il a montré la capacité positivement exprimée dans la Charte, où les défenseurs du projet de loi ne pouvaient donner le droit que supposé. La Charte a parlé, disent-ils; et cependant après l'avoir reçue avec empressement, étudiée avec soin, cent mille électeurs auraient été pendant deux ans et demi électeurs sans le savoir, ou exclus sans réclamation. En tenant une marche serrée dans ses raisonnemens, l'opinant, après s'être attaché à prouver que le projet proposé n'est pas préexistant dans la Charte, s'est appliqué ensuite à montrer comme il a manqué son objet.» La défense des intérêts sous un gouvernement représentatif étant dans la représentation, les intérêts non représentés sont dès lors évidemment lésés et bientôt constitués en opposition. Nul ne peut jouir réellement du droit d'être représenté si tous ne le sont. C'est une justice qu'il faut accorder de peur qu'elle ne se fasse d'elle-même, et ce n'est que dans une juste représentation que les intérêts peuvent se concilier. » Après avoir ainsi marqué le but où devait tendre la loi, l'orateur a fini par montrer combien elle s'en détourne.

Je finis aussi, Monsieur, et ne me reprocherai pas de ne m'être point arrêté plutôt, si j'ai pu vous amener à la fin de cette longue discussion sans trop de fatigue pour vous à la suivre. Je n'y rentrerai pas avec M. le Commissaire du Roi, quelque plaisir qu'il y ait, après l'avoir entendu, de le lire encore. Il a parlé avec urbanité et grâce des attaques adroites et vigoureuses du dernier opinant, et a noblement enseigné à quelques orateurs, que la discussion pouvait servir aussi bien à montrer un caractère honorable qu'à déployer de grands talens.

Le rapporteur a fait le résumé de forme et d'usage, et le résultat d'une longue délibération a été l'adoption du projet de loi par 132 votes contre 100.

L'amendement, pour changer l'organisation du bureau avait passé à la majorité par assis et levé.

Celui pour établir deux degrés d'élection au lieu d'un seul, n'avait été rejeté que par 118 votes contre 106.

Telle a été la majorité par laquelle le ministère a obtenu cette loi, protectrice, disait-on, de tous les intérêts, propre à tous les tems, et renfermant ainsi les destinées de la France.

HACQUART, Imprimeur de la Chambre des Députés, rue Gît-le-Cœur, n° 8.

www.ingramcontent.com/pod-product-compliance
Ingram Content Group UK Ltd.
Pitfield, Milton Keynes, MK11 3LW, UK
UKHW020321250726
13967UKWH00004B/1797